# Domina la Psicología del Dinero

*La revolución de la abundancia para crear riqueza y libertad financiera:* El Manifiesto Para Reclamar Tu Parte Del Infinito

LUCÍA SOLÍS MONTALVO

*Primera edición · 2026*

# AVISO LEGAL



Esta obra tiene fines exclusivamente educativos e informativos. No constituye asesoramiento financiero, fiscal, jurídico, contable, sucesorio, de seguros ni de inversión, ni sustituye una evaluación profesional de la situación personal del lector. Las leyes, obligaciones tributarias, productos financieros, coberturas, documentos legales y organismos competentes varían entre países y pueden cambiar. Antes de tomar una decisión relevante, consulta fuentes oficiales y a profesionales cualificados y, cuando corresponda, autorizados o registrados en tu jurisdicción. Los ejemplos y cálculos son hipotéticos, omiten variables que pueden resultar decisivas —como inflación, comisiones, impuestos y cambios de rentabilidad— y no prometen ni garantizan resultados. Los casos personales son ficticios o compuestos creados con fines pedagógicos; no describen a una persona identificable.

Primera edición en español internacional, 2026.

# DEDICATORIA

*A quienes alguna vez sintieron que el dinero era un idioma reservado para otros.*

*A quienes trabajaron mucho, se exigieron todavía más y, aun así, siguieron sintiendo que nunca era suficiente.*

Y a quienes decidieron construir riqueza sin perder la calma, la dignidad ni la vida en el intento.

# CONTENIDO

# Introducción

## *El día en que dejas de pedir permiso*

*Existe una forma de pobreza que no aparece en ningún extracto bancario.*

Puedes tener ingresos, una profesión respetada, una casa llena de objetos y una agenda llena de compromisos, y aun así vivir con la sensación de que en cualquier momento todo puede desaparecer. Puedes ahorrar y sentir culpa al gastar. Puedes gastar y sentir vergüenza al mirar la cuenta. Puedes ganar más que antes y seguir pensando como quien nunca está a salvo.

Esa pobreza silenciosa no siempre consiste en la falta de dinero. A menudo consiste en una relación con el dinero dominada por el miedo.

Miedo a no tener suficiente. Miedo a perder lo conseguido. Miedo a cobrar demasiado y que te rechacen. Miedo a invertir y equivocarte. Miedo a reconocer que no sabes. Miedo a hablar de cifras con tu pareja. Miedo a mirar tus deudas. Miedo a prosperar más que las personas que amas. Miedo, incluso, a desear una vida más amplia porque alguien podría juzgarte como ambicioso, superficial o egoísta.

Cuando el miedo dirige tu economía, no importa cuánto entre: una parte de ti sigue actuando como si estuviera a punto de quedarse sin nada.

Este libro empieza con una idea sencilla y exigente: **la abundancia no es fingir que los límites no existen; es dejar de entregarles el control de tu vida.**

No encontrarás aquí una promesa de riqueza instantánea. Tampoco una fórmula mágica, una cifra universal ni la fantasía de que basta con pensar en dinero para que el dinero aparezca. Pensar importa, pero no porque el universo funcione como una máquina expendedora. Pensar importa porque toda decisión económica nace de una interpretación: lo que crees posible, lo que consideras seguro, lo que sientes que mereces, lo que toleras, lo que pospones y lo que estás dispuesto a aprender.

Tus pensamientos no sustituyen a la acción. La preparan, la frenan o la deforman.

Si crees que «el dinero corrompe», quizá rechaces oportunidades que te harían más libre. Si aprendiste que «la gente como nosotros siempre vive al día», es posible que conviertas cada aumento de ingresos en un aumento equivalente de gastos. Si asocias cobrar con abusar, ofrecerás tu trabajo por debajo de su valor. Si confundes inversión con apuesta, huirás de cualquier instrumento que no comprendas o te lanzarás a uno que promete demasiado. Si entiendes el presupuesto como castigo, evitarás organizarte y llamarás espontaneidad a lo que en realidad es incertidumbre.

La vida financiera se construye dos veces: primero en la mente y después en las cuentas.

Pero también ocurre lo contrario. Cada pequeño acto de orden modifica la mente que lo ejecuta. Cada vez que miras una cifra sin huir, ahorras antes de gastar, preguntas cuánto cuesta realmente una deuda, negocias con respeto, automatizas una inversión o renuncias a una compra que no sirve a tu vida, estás enviándote un mensaje: **soy una persona capaz de cuidar sus recursos**.

La identidad y la acción se alimentan mutuamente.

Por eso este libro no separa la psicología del dinero de la práctica financiera. No basta con repetir afirmaciones si tus sistemas siguen siendo caóticos. No basta con elaborar una hoja de cálculo perfecta si cada decisión está gobernada por la culpa, el estatus o el pánico. Necesitas las dos cosas: una mente que no se sabotee y una estructura que no dependa de la fuerza de voluntad de cada día.

## El infinito no es una cantidad

La palabra *infinito* puede sonar exagerada cuando hablamos de dinero. Ninguna cuenta es infinita. Ningún mercado crece para siempre. Ningún ser humano dispone de tiempo ilimitado.

Entonces, ¿qué significa reclamar tu parte del infinito?

Significa reconocer que la riqueza no se reduce a una suma fija que otros ya repartieron. El conocimiento puede multiplicarse. Una habilidad puede mejorar. Una idea puede convertirse en un producto. Una relación de confianza puede abrir oportunidades. Una hora bien utilizada puede generar valor durante años. El capital invertido con paciencia puede crecer sin exigir la repetición exacta de tu esfuerzo inicial. Una decisión puede cambiar el rumbo de miles de decisiones posteriores.

El infinito, en este libro, es el campo de posibilidades que se abre cuando dejas de verte como una persona condenada a repetir el pasado.

Reclamar tu parte no significa quitarle algo a otro. Significa asumir la responsabilidad de desarrollar lo que puedes crear, proteger y compartir. Significa dejar de pedir permiso para aprender de dinero, ganar más, conservar una parte, invertirla con criterio y utilizarla para diseñar una vida que no esté permanentemente en modo de supervivencia.

Durante mucho tiempo, la conversación sobre la riqueza ha quedado atrapada entre dos extremos. En uno, el dinero se presenta como la medida de todo: cuanto más acumulas, más vales. En el otro, se trata el deseo de prosperar como una señal de vacío moral: querer más sería una traición a lo esencial.

Ambos extremos confunden el dinero con la identidad.

El dinero no determina tu valor humano. Pero sí amplía o restringe opciones concretas. Puede pagar tiempo, tratamiento, educación, descanso, vivienda, seguridad, movilidad, experimentación y ayuda. También puede convertirse en una prisión cuando se usa para competir sin fin, anestesiar emociones o comprar aprobación.

El objetivo no es adorar el dinero ni despreciarlo. Es aprender a dirigirlo.

## De sobrevivir a elegir

La libertad financiera suele representarse como una cifra lejana: el momento en que los ingresos pasivos cubren todos los gastos y ya no es necesario trabajar. Esa definición puede ser útil, pero es incompleta. La libertad empieza mucho antes.

Empieza cuando sabes cuánto necesitas para vivir.

Cuando puedes pagar una factura sin convertirla en una crisis emocional.

Cuando una emergencia no destruye todo lo construido.

Cuando puedes decir no a un cliente abusivo porque tienes margen.

Cuando eliges una compra sin esconderla, justificarla ni arrepentirte durante días.

Cuando tu futuro recibe dinero antes de que tu presente lo consuma todo.

Cuando el crecimiento de tus ingresos no exige el deterioro de tu salud.

Cuando una cifra deja de definir si eres una persona exitosa y se convierte en una herramienta para tomar decisiones.

Esa es la transición central de este libro: pasar de una economía basada en reaccionar a una economía basada en elegir.

Para lograrlo trabajaremos con ocho principios que forman la palabra **INFINITO**:

- **I — Identidad financiera:** quién crees que eres cuando ganas, gastas, ahorras o inviertes.
- **N — Narrativas heredadas:** las frases, lealtades y temores que aprendiste antes de comprender el dinero.
- **F — Flujo consciente:** la capacidad de ver con claridad hacia dónde va cada recurso.
- **I — Ingresos expansivos:** crear más valor, aumentar tu capacidad de ganar y reducir la dependencia de una sola fuente.
- **N — Negociación y límites:** pedir, cobrar, elegir y proteger tu tiempo sin disculparte por existir.
- **I — Inversión consciente:** transformar una parte del ingreso actual en posibilidades futuras.
- **T — Tiempo compuesto:** utilizar la paciencia, la repetición y el crecimiento acumulativo a tu favor.
- **O — Orden, protección y legado:** conservar lo que construyes y convertirlo en libertad para ti y para otros.

No necesitas dominar los ocho principios hoy. Necesitas empezar a relacionarte con el dinero como una persona que puede aprenderlos.

## Tu nueva pregunta

La mentalidad de escasez pregunta: «¿Y si no alcanza?».

A veces es una pregunta razonable. Hay momentos en los que los recursos no alcanzan, y negarlo sería cruel. Pero, cuando esa pregunta se convierte en la única lente, la atención puede estrecharse hasta dejar fuera alternativas importantes. Todo parece una amenaza. Todo gasto parece una pérdida. Toda oportunidad parece un riesgo. Y el éxito ajeno puede sentirse como prueba de insuficiencia propia.

La abundancia no responde con ingenuidad: «Siempre habrá más». Responde con una pregunta más útil:

**¿Qué puedo ver, aprender, crear, ordenar o decidir desde aquí?**

Esta es una pregunta adulta porque reconoce el punto de partida sin convertirlo en destino. No exige optimismo permanente. Exige presencia.

Quizá hoy no puedas duplicar tus ingresos. Sí puedes conocer tu cifra mínima mensual.

Quizá no puedas eliminar una deuda de inmediato. Sí puedes dejar de aumentarla y diseñar un plan.

Quizá no estés listo para invertir. Sí puedes comprender la diferencia entre riesgo, volatilidad y apuesta.

Quizá no puedas abandonar un trabajo que te agota. Sí puedes construir una habilidad, una reserva y una red que amplíen tus opciones.

La transformación financiera rara vez llega como un gran momento cinematográfico. Suele parecerse más a una secuencia de decisiones pequeñas que, repetidas, cambian la dirección de una vida.

Este libro es una invitación a empezar esa secuencia.

No necesitas sentir que ya puedes con todo. La preparación se construye mientras actúas.

No necesitas saberlo todo. Necesitas dejar de evitar lo que puedes aprender.

No necesitas demostrar que mereces prosperar. Tu tarea no es obtener permiso, sino asumir responsabilidad.

Abre la cuenta. Mira la cifra. Nombra el miedo. Cuestiona la historia. Define el siguiente paso.

Tu parte del infinito no está escondida en un lugar al que solo llegan los elegidos. Empieza en el momento exacto en que decides dejar de vivir como si el futuro perteneciera siempre a otros.

# Cómo usar este libro

## *El método INFINITO*

*Puedes leer estas páginas de principio a fin, pero no las conviertas en información que admiras y olvidas. Cada capítulo incluye preguntas y una práctica concreta. Hazlas por escrito. La mente produce respuestas vagas; el papel obliga a elegir palabras, cifras y fechas.*

Te recomiendo tres reglas:

**Primera: no te juzgues durante el diagnóstico.** Mirar con honestidad no significa condenarte. Una deuda es un dato, no una identidad. Un error es una decisión pasada, no una sentencia.

**Segunda: cambia una cosa antes de intentar cambiarlo todo.** La transformación sostenible necesita fricción baja. Automatizar una transferencia pequeña suele ser más poderoso que diseñar un sistema perfecto que abandonarás en dos semanas.

**Tercera: mide progreso, no pureza.** Habrá meses imprevistos, gastos que lamentes y decisiones que tomarías de otra manera. La abundancia no exige perfección. Exige capacidad de regresar al rumbo.

Ten cerca una libreta o crea un documento llamado **Mi manifiesto financiero**. Allí registrarás tus respuestas, decisiones y cifras. Al final tendrás un mapa personal que ningún libro podría darte de antemano.

Empieza donde estás. Con lo que sabes. Con lo que tienes.

Y, sobre todo, empieza sin pedir permiso.

PARTE I

# DESPERTAR

# 1. I — Identidad financiera

## *La historia que dirige tus decisiones*

*Antes de administrar dinero, administras una idea de quién eres.*

Quizá te dices «no se me dan los números», «gasto sin pensar», «soy demasiado prudente», «no consigo ahorrar», «siempre encuentro la manera» o «el dinero nunca me dura». Estas frases parecen observaciones inocentes, pero pueden funcionar como instrucciones. A medida que una etiqueta se repite, tendemos a seleccionar los hechos que la confirman y a restar importancia a los que la contradicen.

Si te dices que nunca sabes manejar el dinero, cada error se convierte en evidencia. Un pago olvidado demuestra que tenías razón. Una semana organizada se interpreta como excepción. Así, la identidad permanece intacta incluso cuando los hechos empiezan a cambiar.

La identidad financiera es el conjunto de creencias con las que respondes, casi sin pensar, a preguntas como estas:

- ¿Soy capaz de generar más ingresos?
- ¿Puedo conservar una parte de lo que gano?
- ¿Merezco cobrar por mi trabajo?
- ¿Qué cantidad considero «mucho dinero»?
- ¿Qué personas imagino cuando pienso en riqueza?
- ¿Qué tendría que sacrificar para prosperar?
- ¿Qué dirían los demás si me fuera mejor?
- ¿Puedo aprender a invertir o eso es para expertos?

Tus respuestas no viven solo en la mente. Aparecen en la manera en que aceptas una oferta, evitas una conversación, justificas una compra, postergas una factura o abandonas un plan.

### La identidad siempre busca coherencia

Imagina a dos personas que reciben el mismo aumento salarial.

La primera piensa: «Por fin puedo permitirme el estilo de vida que merezco». En pocas semanas mejora el teléfono, cambia de vehículo o amplía sus gastos fijos. No actúa necesariamente con irresponsabilidad. Responde a una identidad en la que ganar más significa demostrar progreso mediante el consumo visible.

La segunda piensa: «Esta es mi oportunidad para crear margen». Mantiene casi intacto su nivel de vida y automatiza una parte del aumento hacia ahorro e inversión. Tampoco es automáticamente virtuosa. Simplemente interpreta el ingreso adicional como una herramienta para comprar futuro.

La misma cantidad produce dos destinos porque atraviesa dos interpretaciones.

La identidad financiera no es inmutable. Pero no cambia solo porque leas una frase inspiradora. Cambia cuando acumulas pruebas de que puedes actuar de otra manera.

Una persona que nunca ahorró no necesita convencerse de que ya sabe invertir. Puede empezar con una identidad más creíble: «Estoy aprendiendo a conservar una parte de lo que gano». Cada transferencia confirma esa frase. Con el tiempo, la nueva evidencia pesa más que la vieja historia.

La clave está en no exigirle a tu mente un salto que no puede creer. Si hoy vives al día, repetir «ya tengo una fortuna» puede provocar rechazo interno. En cambio, afirmar «estoy construyendo una relación más clara y responsable con el dinero» crea una dirección sin negar la realidad.

## Las etiquetas que parecen personalidad

Muchas etiquetas financieras se confunden con rasgos permanentes.

«Compro por impulso.»

«No tengo disciplina.»

«No se me da vender.»

«Me da vergüenza hablar de dinero.»

«Necesito disfrutar ahora porque la vida es corta.»

Ninguna de estas frases describe por completo a una persona. Describe patrones que aparecen en determinados contextos. Y lo que depende del contexto puede rediseñarse.

Tal vez no compras por impulso en cualquier circunstancia, sino cuando estás cansado, te comparas o sientes que has trabajado demasiado y «te lo debes». Tal vez tienes disciplina para cuidar a otros, cumplir plazos o entrenar, pero no la has trasladado a tus finanzas porque el dinero activa ansiedad. Tal vez no careces de capacidad para vender; quizá asocias vender con manipular y por eso evitas mostrar el valor de lo que haces.

Una etiqueta cierra la investigación. Una descripción concreta la abre.

En lugar de decir «soy un desastre con el dinero», prueba con: «Cuando no reviso mis cuentas durante dos semanas, empiezo a gastar sin saber cuánto margen tengo».

En lugar de «no puedo ahorrar», escribe: «No tengo una transferencia automática y ahorro solo si queda algo al final del mes».

En lugar de «siempre elijo mal», escribe: «Tomo decisiones importantes cuando estoy bajo presión y sin comparar alternativas».

La precisión reduce la vergüenza porque convierte un defecto imaginario en un sistema modificable.

## El valor propio no es el saldo

La identidad financiera se vuelve peligrosa cuando confunde patrimonio con valor humano.

Hay personas que se sienten superiores porque ganan más y personas que se sienten invisibles porque ganan menos. Ambas entregan al dinero una autoridad que no le corresponde.

Tu saldo puede describir una situación. No puede resumir tu carácter, tu inteligencia, tu capacidad de amar ni el impacto de tu vida. Tener poco dinero no te hace menos digno. Tener mucho no te vuelve más sabio.

Sin embargo, separar el valor propio del dinero no significa fingir que las cifras son irrelevantes. La falta de recursos puede limitar opciones reales, aumentar estrés y hacer que un error pequeño tenga consecuencias enormes. El punto es mirar la situación sin convertirla en identidad.

Puedes decir: «Actualmente tengo una deuda de diez mil» sin añadir «soy un desastre».

Puedes decir: «Mis ingresos no cubren el nivel de vida que sostengo» sin concluir «he fracasado».

Puedes decir: «No entiendo este producto financiero» sin convertir esa dificultad en «esto no es para mí».

La dignidad no depende de resolverlo todo antes de merecer respeto. Pero la dignidad también incluye la decisión de enfrentar lo que necesita atención.

## La identidad del sacrificio

Una de las identidades más celebradas es la de quien se sacrifica por todos. Trabaja de más, cobra de menos, presta dinero que no puede perder y se coloca al final de cada lista. Desde fuera parece generosidad. Por dentro puede esconder una creencia: «Solo soy valioso cuando doy más de lo que recibo».

Esta identidad produce consecuencias financieras previsibles. La persona acepta condiciones injustas, teme subir precios, rescata repetidamente a familiares adultos y siente culpa al reservar recursos para sí misma. No porque ignore las matemáticas, sino porque proteger su dinero amenaza la imagen de «buena persona» que sostiene su autoestima.

La abundancia exige redefinir la generosidad.

Dar desde la culpa no es lo mismo que dar desde la elección. Ayudar hasta quedar desprotegido no crea prosperidad; desplaza la emergencia de una persona a otra. Cobrar de forma justa no convierte el servicio en egoísmo. Ahorrar para tu futuro no es abandonar a tu familia. Un límite puede ser una forma de amor cuando impide que el resentimiento reemplace a la ayuda.

La pregunta no es solo «¿cuánto puedo dar?». También es «¿desde qué lugar estoy dando?».

## La identidad del superviviente

Otra identidad frecuente es la del superviviente: «Siempre encuentro la manera». Suena poderosa y, en muchos aspectos, lo es. Quien ha superado dificultades desarrolla creatividad, resistencia y capacidad de respuesta.

Pero sobrevivir puede convertirse en una adicción a la urgencia.

Algunas personas solo se activan cuando el problema ya es grave. Postergan decisiones, consumen el margen y confían en que, llegado el momento, aparecerá una solución. Como efectivamente suelen resolver la crisis, refuerzan la identidad: «Ves, siempre salgo adelante».

El precio es alto. Estrés, intereses, noches sin dormir, relaciones tensas y una energía que nunca se dedica a construir porque siempre está apagando incendios.

Prosperar requiere una identidad nueva: no solo soy capaz de resolver emergencias; también soy capaz de prevenirlas.

La persona que construye riqueza no espera a convertirse en alguien distinto para organizarse. Se organiza para convertirse en alguien distinto.

## La mentalidad de consumo y la mentalidad patrimonial

Desde pequeños aprendemos a comprar mucho antes de aprender a construir patrimonio. Sabemos elegir marcas, comparar modelos y reconocer tendencias. Pocas veces alguien nos enseña a distinguir entre algo que consume dinero y algo que puede producirlo o conservar valor.

La mentalidad de consumo pregunta:

«¿Puedo pagar la cuota?»

La mentalidad patrimonial pregunta:

«¿Cuál es el costo total y qué lugar ocupa en mi vida?»

La mentalidad de consumo celebra el ingreso.

La mentalidad patrimonial observa cuánto permanece.

La mentalidad de consumo busca la próxima mejora visible.

La mentalidad patrimonial construye activos menos visibles: reserva, conocimientos, reputación, relaciones, derechos sobre productos, inversiones diversificadas y sistemas que funcionan sin presencia constante.

No necesitas dejar de disfrutar para desarrollar una mentalidad patrimonial. Necesitas dejar de medir la riqueza por lo que se ve.

Hay personas con símbolos de estatus y ninguna capacidad de absorber un imprevisto. Hay personas discretas con meses de gastos cubiertos, inversiones automáticas y libertad para rechazar lo que no les conviene. La primera imagen suele recibir más atención. La segunda contiene más poder.

## El lenguaje con el que te construyes

Observa durante una semana cómo hablas de dinero.

¿Dices «no puedo permitírmelo» aunque en realidad podrías pagarlo, pero no quieres priorizarlo?

¿Dices «es demasiado caro» sin comparar el precio con el valor?

¿Dices «yo nunca tendré eso» como si el futuro ya estuviera decidido?

¿Llamas «capricho» a cualquier gasto propio y «necesidad» a todos los gastos de otros?

¿Dices «el dinero se va» como si no hubiera decisiones entre su llegada y su salida?

El lenguaje no cambia la cuenta por arte de magia, pero cambia tu posición frente a ella.

«No puedo permitírmelo» te coloca ante una pared.

«No elijo pagarlo ahora» reconoce agencia.

«El dinero se va» elimina responsabilidad.

«No he definido un destino para mi dinero» señala una acción posible.

«No se me dan las finanzas» clausura el aprendizaje.

«Todavía no tengo un sistema que pueda mantener» abre el diseño.

No se trata de endulzar la realidad. Se trata de nombrarla de una forma que incluya posibilidad.

## La evidencia mínima viable

Para cambiar una identidad necesitas evidencia repetida. No hace falta que sea impresionante. Hace falta que sea incontestable.

Si quieres convertirte en alguien que ahorra, empieza por una cantidad tan pequeña que no dependa de un mes perfecto. La cantidad inicial no define tu ambición; define la facilidad con la que puedes acumular pruebas.

Si quieres ser alguien que habla de dinero con calma, programa una conversación de veinte minutos y limítala a observar, no a resolver toda la vida financiera.

Si quieres ser alguien que invierte, dedica primero tiempo a comprender costos, riesgo y diversificación. La primera inversión es educación suficiente para no entregar tus decisiones a la euforia o al miedo.

Si quieres cobrar mejor, practica decir tu precio sin añadir una disculpa, un descuento preventivo o una explicación interminable.

Cada acción es un voto por la persona que estás construyendo.

No todos los votos irán en la misma dirección. Habrá días en que compres por impulso, evites una cifra o aceptes menos de lo que querías. Una identidad nueva no exige un historial perfecto. Exige una mayoría creciente de decisiones coherentes.

### PRÁCTICA: RADIOGRAFÍA DE TU IDENTIDAD FINANCIERA

Reserva treinta minutos y responde por escrito.

**1. Completa diez veces la frase:**

«Con el dinero, yo soy una persona que...»

No busques respuestas correctas. Escribe lo primero que aparezca. Algunas serán contradictorias. Tal vez seas prudente con grandes compras e impulsivo con pequeñas. Tal vez ahorres por miedo y gastes por cansancio.

**2. Identifica tres etiquetas que repites.**

Por ejemplo: «desordenado», «generoso», «ambicioso», «prudente», «sin suerte», «responsable».

Para cada una, escribe una descripción observable. Cambia «soy desordenado» por «no reviso mis movimientos hasta que surge un problema».

**3. Pregunta a cada identidad qué intenta proteger.**

El gasto impulsivo puede protegerte del agotamiento durante unos minutos. La tacañería puede protegerte del miedo a depender de otros. Cobrar poco puede protegerte del rechazo. No invertir puede protegerte de la posibilidad de equivocarte.

No justifiques el patrón. Comprende su función. Solo así podrás sustituirlo por algo mejor.

**4. Elige una identidad puente.**

Debe ser creíble, concreta y orientada a la acción. Algunas opciones:

- Soy una persona que mira sus cifras con honestidad.
- Soy una persona que conserva una parte de lo que gana.
- Soy una persona que pregunta antes de decidir.
- Soy una persona que cobra con claridad.
- Soy una persona que construye margen.
- Soy una persona que aprende a invertir con paciencia.

**5. Define una prueba para las próximas veinticuatro horas.**

No para algún día. Para mañana.

Puede ser abrir una cuenta separada, revisar una suscripción, anotar todas tus deudas, transferir una cantidad pequeña, pedir información sobre una tarifa o decir no a un gasto que no elegiste.

La identidad no cambia cuando la comprendes. Cambia cuando actúas desde ella.

### IDEA CLAVE

*No eres tus hábitos financieros actuales. Eres la persona que puede observarlos, comprenderlos y diseñar otros.*

*Tu relación con el dinero empieza a transformarse el día en que dejas de preguntar «¿qué me pasa?» y empiezas a preguntar:*

***¿Qué identidad está decidiendo por mí, y quién elijo ser en la próxima decisión?***

# 2. N — Narrativas heredadas

## *El dinero que aprendiste antes de ganarlo*

*Mucho antes de recibir tu primer salario ya habías aprendido qué significaba el dinero.*

Lo aprendiste en silencios, discusiones, gestos y frases repetidas. En la forma en que los adultos reaccionaban cuando llegaba una factura. En quién pedía permiso para gastar. En quién sabía cuánto había y quién prefería no mirar. En los regalos que intentaban compensar una ausencia. En las compras que se ocultaban. En los préstamos que nunca se devolvían. En la admiración o sospecha con la que se hablaba de las personas ricas.

La educación financiera más profunda rara vez ocurrió alrededor de una mesa con explicaciones claras. Ocurrió mientras observabas. La investigación sobre los llamados guiones del dinero ha relacionado creencias aprendidas en el entorno familiar con conductas financieras posteriores (Klontz et al., 2011).

Quizá escuchaste:

«El dinero no crece en los árboles.»

«Hay que trabajar muy duro para ganar cada unidad monetaria.»

«Los ricos se aprovechan de los demás.»

«Es mejor tener poco y ser honrado.»

«Nosotros no somos gente de negocios.»

«El que arriesga, pierde.»

«No hables de dinero; es de mala educación.»

«Primero atiende a todos y después, si queda algo, piensa en ti.»

Estas frases contienen experiencias reales. Una familia que perdió sus ahorros puede haber aprendido a desconfiar de toda inversión. Alguien explotado en el trabajo puede asociar riqueza con abuso. Una generación que sobrevivió a inflación, desempleo o migración quizá desarrolló hábitos que fueron esenciales en su contexto.

El problema aparece cuando una estrategia de supervivencia se transmite como una verdad universal.

## La narrativa no es un hecho

Una narrativa es una explicación que organiza la experiencia. No tiene que ser completamente falsa para limitarte. Basta con que convierta una parte de la realidad en toda la realidad.

«Hay que trabajar duro para ganar dinero» puede contener verdad: el esfuerzo importa. Pero, llevada al extremo, puede impedirte buscar eficiencia, apalancamiento, mejores precios o sistemas que generen valor sin exigir más horas. La persona atrapada en esa narrativa sospecha de cualquier ingreso que no provenga del agotamiento. Si algo parece fácil, siente que no lo merece.

«El dinero divide a las familias» puede reflejar conflictos vividos. Pero si se convierte en ley, evitarás conversaciones necesarias, documentos claros y límites precisamente porque temes causar división. El silencio terminará produciendo lo que intentabas evitar.

«Es más seguro no deber nada» puede ayudar a controlar el consumo. Pero también puede impedir distinguir entre deuda destructiva y financiación utilizada con conocimiento, capacidad de pago y propósito. La frase reemplaza el análisis.

Las narrativas heredadas funcionan así: simplifican el mundo para protegernos, y después siguen dirigiendo decisiones cuando el mundo ya cambió.

## Lealtades invisibles

Prosperar puede activar una culpa difícil de explicar.

Si creciste en un entorno donde todos luchaban para llegar a fin de mes, ganar más puede sentirse como alejarte de los tuyos. Si tus padres sacrificaron sus sueños, elegir una vida con más libertad puede parecer una crítica silenciosa a sus decisiones. Si en tu grupo se ridiculiza a quien «se cree demasiado», mostrar ambición puede amenazar tu pertenencia.

La mente humana protege los vínculos. Por eso, a veces, una persona sabotea una oportunidad no porque tema fracasar, sino porque teme que el éxito cambie quién tiene permitido ser dentro de su sistema familiar.

Esta lealtad no suele presentarse de forma consciente. Aparece como procrastinación, precios bajos, gastos que borran cada avance o una generosidad imposible de sostener.

Alguien recibe un aumento y, casi de inmediato, asume nuevos compromisos económicos con toda la familia. Otra persona empieza a ahorrar, pero cada vez que la cuenta crece surge una «necesidad» ajena que absorbe el fondo. Otra trabaja con clientes pequeños porque cobrar a empresas grandes le parece traicionar la identidad humilde con la que fue criada.

No se trata de culpar a la familia. Se trata de distinguir amor de repetición.

Puedes honrar el esfuerzo de quienes vinieron antes sin reproducir sus límites. Puedes ayudar sin convertirte en el sistema financiero de todos. Puedes prosperar y seguir siendo leal a tus valores. De hecho, construir estabilidad puede ser una forma más profunda de cuidar que perpetuar una cadena de rescates y urgencias.

Una frase útil es esta:

**No necesito sufrir de la misma manera para demostrar que pertenezco.**

## El dinero como secreto

En muchas familias, el dinero es visible cuando causa problemas e invisible cuando requiere planificación.

Los niños escuchan «no hay dinero» pero no saben qué significa. No conocen ingresos, gastos, deudas ni prioridades. Aprenden que el dinero es una fuerza misteriosa que aparece y desaparece, y que preguntar genera tensión.

Más tarde, esos niños se convierten en adultos que evitan mirar sus cuentas. No porque carezcan de inteligencia, sino porque la claridad se siente emocionalmente peligrosa. Cada cifra parece anunciar una discusión.

El secreto también afecta a las parejas. Dos personas pueden compartir una casa, hijos y planes sin conocer con precisión la situación financiera de la otra. Temen que hablar de deudas, hábitos u objetivos revele incompatibilidades. Pero la falta de conversación no elimina el desacuerdo; solo retrasa el momento en que se vuelve costoso.

Hablar de dinero no significa controlar cada gasto del otro. Significa construir un idioma común. ¿Qué entendemos por seguridad? ¿Qué gastos son individuales? ¿Qué deudas existen? ¿Cuánto queremos ahorrar? ¿A quién ayudamos y hasta qué límite? ¿Qué ocurre si uno pierde ingresos? ¿Qué significa para cada uno vivir bien?

Las cifras son una parte de la conversación. Las historias son la otra.

Dos personas pueden discutir sobre una compra de un importe relativamente pequeño cuando el conflicto real es distinto: una busca libertad y la otra seguridad. Una interpreta el gasto como disfrute merecido; la otra lo vive como amenaza. Sin nombrar esas asociaciones, la conversación se reduce a quién tiene razón.

## Cuatro guiones frecuentes

Aunque cada historia es única, muchos patrones se parecen. Observa si reconoces alguno.

### 1. El guion de la carencia permanente

La idea central es: «Nunca es suficiente».

Incluso cuando los ingresos aumentan, la sensación no cambia. La persona acumula por miedo o gasta rápido porque cree que el dinero desaparecerá de todos modos. En ambos casos, la escasez ocupa el centro.

Este guion no se corrige únicamente con más dinero. Necesita una definición concreta de suficiente, un sistema de protección y la capacidad de experimentar seguridad sin esperar control total.

### 2. El guion del sacrificio moral

La idea central es: «Querer dinero me hace menos bueno».

La persona separa riqueza y valores. Imagina que para ganar más tendrá que volverse agresiva, egoísta o superficial. Puede trabajar mucho y cobrar poco, o criticar lo que en secreto desea.

La salida consiste en preguntar qué puede financiar el dinero cuando está al servicio de los valores: tiempo con la familia, independencia, salud, creación, generosidad, empleo digno o proyectos útiles.

### 3. El guion del estatus

La idea central es: «Lo que muestro demuestra cuánto valgo».

El consumo se convierte en comunicación. No se compra solo un objeto, sino pertenencia, respeto o una versión más aceptable de uno mismo. El problema no es disfrutar cosas hermosas. Es necesitar que cada mejora sea visible y renovarla cuando deja de producir aprobación.

La salida exige construir una medida privada de progreso: patrimonio, margen, tiempo disponible, porcentaje de ahorro, deuda reducida, capacidades adquiridas.

### 4. El guion de la indefensión

La idea central es: «No importa lo que haga; el dinero siempre será un problema».

Puede nacer de experiencias duras, errores repetidos o falta de oportunidades. La persona delega, evita o se resigna. A veces se refugia en la esperanza de una solución externa: una pareja, una herencia, un golpe de suerte.

La salida no consiste en negar obstáculos reales. Consiste en recuperar una zona de influencia. Tal vez no controles el mercado laboral, pero puedes conocer tus cifras, mejorar una habilidad, pedir una tarifa, comparar una deuda o crear una reserva mínima.

## Cuando una historia se convierte en destino

Las narrativas heredadas tienen poder porque se repiten sin ser examinadas. Una frase dicha cien veces parece una ley natural.

Para cuestionarla, no basta con decir lo contrario. Necesitas investigar.

Supongamos que heredaste la idea «invertir es perder dinero». Puedes sustituirla por «invertir siempre te hace rico», pero solo habrás cambiado una simplificación por otra. Una narrativa adulta sería: «Toda inversión tiene riesgo; puedo aprender a evaluar horizonte, diversificación, costos y capacidad de soportar pérdidas antes de decidir».

La nueva historia no elimina la incertidumbre. Te devuelve competencia.

O quizá heredaste «cobrar mucho es abusar». La respuesta no es «cobra cualquier cifra porque lo mereces». Podría ser: «Un precio justo considera el valor entregado, la especialización, los costos, el mercado y la sostenibilidad del trabajo».

La abundancia no reemplaza el pensamiento crítico con optimismo. Lo amplía.

## Reescribir sin negar el pasado

Algunas personas intentan cambiar su relación con el dinero rechazando todo lo aprendido. Eso crea otra forma de conflicto. Tus hábitos familiares quizá también contienen fortalezas: capacidad de reparar en lugar de desechar, solidaridad, prudencia, creatividad, gratitud, esfuerzo o resistencia.

Reescribir no significa borrar.

Puedes conservar la prudencia y soltar el miedo.

Conservar la generosidad y añadir límites.

Conservar el esfuerzo y aprender apalancamiento.

Conservar la sencillez y permitirte prosperar.

Conservar el respeto por el dinero y dejar de adorarlo.

La pregunta no es «¿qué hicieron mal quienes me criaron?». Es «¿qué aprendieron para sobrevivir, qué me sirve todavía y qué necesito actualizar?».

Esta mirada reduce la culpa. Tu familia no necesitaba tener el lenguaje financiero que tú puedes desarrollar hoy. Tú tampoco tienes que permanecer dentro de sus conclusiones para demostrar gratitud.

---

### PRÁCTICA: EL ÁRBOL GENEALÓGICO DEL DINERO

Dibuja tres columnas: **frases**, **conductas** y **consecuencias**.

En la primera, anota al menos diez frases sobre dinero que recuerdes de tu infancia o adolescencia. No importa quién las dijo ni si eran frecuentes.

En la segunda, escribe qué conductas acompañaban esas frases. Por ejemplo:

- «Hay que ahorrar» / pero nadie hablaba de objetivos.
- «No debemos nada a nadie» / pero se postergaban gastos esenciales.

- «La familia es lo primero» / y una persona pagaba siempre por todos.
- «Disfruta mientras puedas» / y no existía reserva.

En la tercera, registra las consecuencias que observaste: tranquilidad, resentimiento, estabilidad, dependencia, conflictos, oportunidades perdidas o capacidad de superar crisis.

Después responde:

1. **¿Qué narrativa sigo obedeciendo aunque nunca la elegí conscientemente?**
2. **¿Qué comportamiento mío la confirma?**
3. **¿Qué intenta proteger esa narrativa?**
4. **¿Qué parte valiosa quiero conservar?**
5. **¿Cuál sería una versión más completa y adulta?**

Ejemplo:

Narrativa heredada: «El dinero solo llega con sacrificio».

Versión actualizada: «El esfuerzo es una fuente de valor, pero también puedo ganar mediante especialización, sistemas, negociación y decisiones que multiplican mi tiempo».

Finalmente, escribe una frase de permiso:

- Tengo permiso para prosperar sin alejarme de quienes amo.
- Tengo permiso para cobrar de manera justa.
- Tengo permiso para aprender lo que en mi familia no se enseñó.
- Tengo permiso para ayudar con límites.
- Tengo permiso para construir una vida más estable que la que conocí.

No necesitas pronunciarla ante nadie. El permiso no viene de fuera.

## Una conversación que puede cambiar una familia

Si es posible y seguro, pregunta a una persona mayor de tu familia:

«¿Qué fue lo más difícil que viviste con el dinero?»

«¿Qué aprendiste que te gustaría que yo conservara?»

«¿Qué harías diferente si tuvieras la información de hoy?»

Escucha sin corregir. A veces descubrirás que una frase rígida nació de una pérdida concreta. Comprender el origen permite agradecer la intención y elegir una respuesta distinta.

También puedes iniciar una nueva herencia. Hablar con niños y jóvenes de forma sencilla sobre prioridades, ahorro, trabajo, generosidad y decisiones. No necesitan conocer todas las preocupaciones adultas. Necesitan ver que el dinero puede nombrarse sin miedo.

Cada conversación clara interrumpe una cadena de secretos.

---

### IDEA CLAVE

---

*No elegiste la primera historia que aprendiste sobre el dinero. Sí puedes elegir la que seguirá dirigiendo tu vida.*

*Tu pasado explica muchos patrones, pero no tiene derecho exclusivo sobre tu futuro.*

*Reclamar tu parte del infinito empieza por reconocer qué voces hablan dentro de ti y decidir cuáles merecen seguir teniendo voto.*

# Interludio I

## La mente bajo presión

Cuando el dinero escasea, la atención puede estrecharse.

Una factura urgente ocupa la mente, desplaza otras prioridades y hace que el alivio inmediato parezca más importante que el costo futuro. No es una señal de falta de inteligencia. Es una respuesta humana a la presión.

La investigación sobre escasez ha descrito este efecto como una concentración intensa en el problema inmediato que puede dejar menos atención disponible para otras decisiones (Shah, Mullainathan y Shafir, 2012). Puedes conseguir dinero para pagar hoy mediante una deuda cara, aunque eso agrave el mes siguiente. Puedes aceptar un trabajo mal pagado porque necesitas una entrada inmediata, aunque consuma el tiempo necesario para buscar algo mejor. Puedes posponer un trámite importante porque no produce alivio esta semana.

Comprender este mecanismo cambia la estrategia. Cuando estás bajo presión, no necesitas solo «más disciplina». Necesitas reducir el número de decisiones, crear pausas y proteger tu capacidad de pensar.

## La pérdida pesa más que la ganancia

La teoría prospectiva mostró que las pérdidas y las ganancias equivalentes no suelen valorarse de forma simétrica (Kahneman y Tversky, 1979). Por eso vender una inversión que ha bajado, reconocer una compra equivocada o cancelar un proyecto puede sentirse como admitir una derrota.

A veces mantenemos una mala decisión porque ya invertimos dinero, tiempo o identidad. Este patrón se conoce como efecto del costo hundido (Arkes y Blumer, 1985). Pensamos: «No puedo detenerme ahora; perdería todo lo anterior». Pero lo anterior ya ocurrió. La pregunta útil es:

**Si no hubiera invertido nada hasta hoy, ¿elegiría entrar en esta decisión con la información actual?**

Esta pregunta separa el pasado del futuro.

También explica por qué algunas personas evitan mirar sus cuentas. Mientras no miran, la pérdida parece no estar confirmada. La falta de información ofrece una calma frágil.

La abundancia necesita la valentía de actualizar. Cambiar de rumbo no borra el costo pasado, pero impide que siga comprando decisiones futuras.

## El presente grita; el futuro susurra

Una recompensa inmediata tiene rostro, textura y emoción. El futuro es abstracto. La investigación sobre elección intertemporal muestra que tendemos a descontar las recompensas lejanas de manera irregular y dependiente del contexto (Frederick, Loewenstein y O'Donoghue, 2002).

Comprar hoy produce una experiencia. Ahorrar para dentro de diez años produce una cifra. Por eso no basta con decir que el futuro importa. Debes volverlo visible.

Pon nombres a tus cuentas: «seis meses de calma», «libertad para cambiar de trabajo», «formación 2027». Utiliza imágenes, fechas y cantidades. Imagina no solo el dinero acumulado, sino la decisión que permitirá.

Al mismo tiempo, no conviertas el futuro en un tirano que prohíbe vivir. Si todo placer presente se considera irresponsable, la mente buscará rebelarse. Diseña un sistema donde presente y futuro reciban algo de forma deliberada.

## Las cuentas mentales

Aunque el dinero sea intercambiable, solemos organizarlo en categorías mentales y aplicarle reglas distintas según su origen o destino (Thaler, 1985).

Una devolución tributaria puede sentirse como «dinero extra», mientras el ingreso habitual parece destinado a obligaciones. Un regalo se gasta con más facilidad. Una bonificación se celebra antes de llegar. La misma cantidad recibe decisiones distintas según la etiqueta.

Puedes utilizar esta tendencia a tu favor. Crea cuentas con propósito y reglas previas. La cantidad reservada para impuestos u otras obligaciones no se considera disponible. Una parte de los ingresos extraordinarios va automáticamente al futuro. El fondo de viaje puede gastarse sin culpa en el viaje, pero no en compras impulsivas.

La categoría debe servir al plan, no justificar el deseo.

## El dolor de pagar

La evidencia sugiere que la forma de pago puede modificar cuánto sentimos el costo de una compra: pagar en efectivo o ver el saldo produce una experiencia distinta que utilizar crédito o un pago automático (Prelec y Loewenstein, 1998; Prelec y Simester, 2001). La tecnología reduce fricción, lo cual resulta conveniente, pero también puede separar el acto de comprar del sacrificio económico.

Para gastos que tienden a descontrolarse, aumenta deliberadamente la visibilidad. Utiliza alertas, límites, una cuenta específica o una revisión semanal. No necesitas volver a vivir con sobres físicos si no te sirven. Necesitas sentir el vínculo entre decisión y consecuencia.

Para objetivos importantes, haz lo contrario: reduce fricción mediante automatización.

Un buen sistema hace difícil lo que quieres limitar y fácil lo que quieres repetir.

## Comparar duele porque la información está incompleta

Ves el vehículo, el viaje o la casa. No ves la deuda, la ayuda familiar, los años de trabajo, la herencia, el estrés ni la ausencia de ahorro.

La comparación financiera utiliza datos visibles para producir conclusiones sobre vidas completas. El resultado suele ser urgencia: «Voy tarde».

Cuando sientas esa urgencia, vuelve a tus métricas privadas:

- margen mensual;
- deuda reducida;
- reserva;
- porcentaje de ahorro;
- habilidades desarrolladas;
- tiempo recuperado;
- decisiones que ahora puedes rechazar.

La riqueza que protege rara vez es la más fotogénica.

## La fatiga de decidir

Cuantas más decisiones exige un sistema, más difícil resulta sostenerlo cuando estás cansado, con prisa o bajo presión.

Simplifica:

- automatiza lo repetitivo;
- establece límites por categoría;
- utiliza una lista de compras;
- define días para revisar finanzas;
- crea reglas para ingresos extraordinarios;
- evita tomar decisiones grandes de noche, bajo estrés o después de una discusión;
- consulta a una persona de confianza cuando el importe supere un umbral.

La disciplina más efectiva suele parecerse a una decisión tomada una vez y ejecutada muchas. Los mecanismos de compromiso y automatización pueden ayudar a sostener conductas de ahorro sin depender de una elección nueva cada mes (Thaler y Benartzi, 2004).

### PRÁCTICA: PROTOCOLO PARA DECISIONES FINANCIERAS

Crea un protocolo de cinco pasos para cualquier decisión importante.

1. **Pausa.** No decido bajo urgencia creada por otra persona.
2. **Propósito.** ¿Qué problema resuelve o qué valor crea?
3. **Costo completo.** Precio, mantenimiento, tiempo, riesgo y oportunidad perdida.
4. **Alternativas.** ¿Qué otras formas existen de obtener el resultado?
5. **Yo futuro.** ¿Cómo evaluaré esta decisión dentro de un año?

Define además un umbral: toda compra, inversión o compromiso superior a cierta cantidad necesita una noche de espera y una segunda revisión.

### IDEA CLAVE

Tus decisiones financieras no ocurren en un laboratorio. Ocurren dentro de una mente que teme perder, busca alivio, compara alternativas y se cansa.

*No necesitas derrotar tu naturaleza. Necesitas diseñar un entorno donde tus mejores decisiones requieran menos heroísmo.*

# 3. F — Flujo consciente

## *Ver, ordenar y decidir*

*El dinero que no tiene un destino termina obedeciendo a la urgencia más cercana.*

No desaparece. Se distribuye según impulsos, hábitos, cargos automáticos, expectativas ajenas y decisiones tomadas sin una visión completa. Después miras la cuenta y parece que alguien hubiera actuado en tu nombre.

Ese «alguien» es el sistema que existe cuando tú no diseñas uno.

El flujo consciente no consiste en controlar cada moneda con rigidez. Consiste en saber qué entra, qué sale, qué permanece y qué función cumple. Es pasar de la niebla a un mapa.

La claridad financiera puede resultar incómoda al principio. Si has evitado tus números durante meses o años, abrir todas las cuentas puede sentirse como entrar en una habitación desordenada con la luz encendida. La tentación es apagarla otra vez.

Pero el desorden no empezó cuando miraste. Solo se volvió visible.

## La cifra que necesitas antes de cualquier objetivo

Muchas personas empiezan por metas abstractas: «Quiero ahorrar más», «quiero ganar mucho», «quiero ser libre financieramente». Son deseos legítimos, pero no pueden guiar decisiones mientras no se traduzcan en cifras.

La primera cifra importante es tu **costo base mensual**: lo necesario para sostener tu vida actual sin lujos extraordinarios ni recortes extremos.

Incluye vivienda, servicios, comida, transporte, seguros, salud, pagos mínimos de deuda, responsabilidades familiares y otros gastos esenciales. No tiene que ser una cantidad perfecta. Debe ser suficientemente realista para responder a una pregunta:

**¿Cuánto cuesta mantener mi vida durante un mes?**

Esta cifra cambia la forma en que ves el trabajo, la reserva y el riesgo. Si necesitas 2000 unidades monetarias al mes y tienes 6000 disponibles, posees aproximadamente tres meses de margen. Si no sabes cuánto necesitas, el ahorro se convierte en un número sin contexto.

Después calcula una segunda cifra: tu **costo de vida deseado**. No una fantasía sin límites, sino una versión más amplia y sostenible de tu vida. Puede incluir viajes, formación, ayuda, ocio, mejor vivienda o más tiempo libre.

La distancia entre ambas cifras te muestra cuánto cuesta la expansión que imaginas.

## Ingreso no es riqueza

El ingreso responde a «cuánto entra». La riqueza responde a preguntas distintas:

- ¿Cuánto permanece?
- ¿Cuánto produce valor futuro?
- ¿Cuánto margen tienes para soportar un cambio?
- ¿Cuánto de tu vida depende de seguir trabajando al mismo ritmo?
- ¿Qué obligaciones consumen tus ingresos antes de que puedas elegir?

Una persona puede ganar mucho y tener poco margen porque sus gastos fijos crecieron al mismo nivel. Otra puede ganar menos y poseer más libertad porque mantiene obligaciones manejables y activos acumulados.

Por eso conviene observar cuatro corrientes:

1. **Dinero para vivir.** Cubre necesidades y disfrute presente.
2. **Dinero para proteger.** Construye reserva y reduce riesgos.
3. **Dinero para crecer.** Financia aprendizaje, negocio e inversión.
4. **Dinero para compartir.** Permite ayudar, donar o sostener causas sin desorganizarte.

No existe un porcentaje universal que funcione para todos. El propósito de estas categorías es impedir que el presente consuma automáticamente todo lo que llega.

## El margen es donde empieza la riqueza

La riqueza no empieza necesariamente con una gran inversión. Empieza con la diferencia positiva entre lo que entra y lo que sale.

A esa diferencia la llamaremos **margen**.

Sin margen, cualquier imprevisto se convierte en deuda, cualquier pausa amenaza la estabilidad y toda oportunidad compite con necesidades inmediatas. Con margen, aparece el tiempo para pensar.

El margen puede crearse de tres maneras:

- reducir gastos que no sostienen tu vida;
- aumentar ingresos;
- rediseñar obligaciones fijas para que consuman menos capacidad futura.

En la práctica, las tres suelen combinarse. Recortar tiene límites. Ganar más también requiere tiempo. La estrategia madura no se enamora de una sola herramienta.

Crear margen no significa convertir la vida en austeridad permanente. Una economía sin disfrute se rebela. Si cada decisión se siente como castigo, tarde o temprano gastarás para escapar del sistema.

La pregunta útil no es «¿cómo gasto lo mínimo?». Es:

**¿Qué gastos compran una vida que valoro y cuáles solo mantienen una inercia?**

## El presupuesto como permiso

La palabra *presupuesto* suele evocar prohibición. Pero un buen presupuesto no es una lista de cosas que no puedes hacer. Es una decisión anticipada sobre lo que sí quieres financiar.

Cuando asignas una cantidad al ocio, no necesitas negociar contigo mismo cada vez que sales. Cuando reservas dinero para viajes, la experiencia deja de competir con las facturas. Cuando decides cuánto ayudarás a otros, reduces el riesgo de comprometerte desde la culpa.

Un presupuesto útil debe ser:

**Realista.** Si siempre gastas cierta cantidad en comida fuera de casa, eliminarla por completo no demuestra disciplina; demuestra que el plan ignora tu vida.

**Flexible.** Un mes no es un examen moral. Las categorías pueden cambiar.

**Simple.** Si mantenerlo requiere una hora diaria, probablemente no sobrevivirá.

**Orientado a valores.** Debe mostrar qué estás construyendo, no solo qué estás restringiendo.

Puedes utilizar aplicaciones, hojas de cálculo, sobres o cuentas separadas. La herramienta importa menos que la frecuencia con la que miras.

## La reunión semanal con el dinero

Quince o veinte minutos por semana pueden evitar horas de estrés al final del mes.

Elige un día fijo. Abre tus cuentas y revisa cinco cosas:

1. Saldo disponible.
2. Pagos que llegarán en los próximos siete días.
3. Gastos recientes que necesitan ajuste o explicación.
4. Avance de ahorro, deuda e inversión.
5. Una decisión para la semana siguiente.

No conviertas esta reunión en un juicio. Su objetivo es mantener la relación. Piensa en ella como una conversación breve con tu realidad financiera.

Si compartes finanzas con otra persona, establece una regla: primero observar, después resolver. Muchas conversaciones fracasan porque una cifra se interpreta como acusación. Utiliza un lenguaje neutral:

«Gastamos más de lo previsto en transporte» es distinto de «tú siempre gastas demasiado».

«La cuota reduce nuestro margen» es distinto de «fue un error comprarlo».

El sistema se puede corregir. La vergüenza solo provoca defensa.

## Deuda: una obligación, no una identidad

La deuda comprime el futuro porque una parte de los ingresos de mañana ya está comprometida. Pero tratar toda deuda como fracaso puede impedir que la enfrentes con claridad.

Empieza por crear una lista completa:

- saldo pendiente;
- tasa o costo efectivo;
- cuota mínima;
- fecha de pago;
- posibles penalizaciones;
- si está garantizada por un activo;
- si admite amortización anticipada sin costo.

Después separa tres objetivos que suelen confundirse:

**Detener el crecimiento.** Evitar nuevas deudas de consumo mientras pagas las existentes.

**Reducir el costo.** Renegociar, refinanciar con prudencia o priorizar las obligaciones más caras.

**Liberar flujo.** Eliminar cuotas que ocupan demasiado espacio mensual.

Hay dos estrategias populares. Una prioriza la deuda con mayor tasa, lo que suele reducir el costo total. Otra empieza por el saldo más pequeño, generando victorias rápidas. La mejor estrategia es la que combina eficiencia con adherencia. Un plan matemáticamente perfecto que abandonas es menos útil que uno suficientemente bueno que mantienes.

No conviertas el pago de deuda en una guerra contra ti. Pregunta también qué condiciones la produjeron: ingresos irregulares, falta de reserva, consumo emocional, una emergencia, presión familiar o desconocimiento. Si solo pagas el saldo y no rediseñas el sistema, la causa permanece.

## La reserva compra tiempo

Un fondo de emergencia no existe para producir emoción. Existe para reducirla.

Su función es impedir que una reparación, una pérdida temporal de ingresos o un gasto médico destruya el plan completo. La cantidad adecuada depende de la estabilidad del trabajo, las personas a cargo, la cobertura disponible, la salud y la variabilidad de los gastos.

No necesitas alcanzar de inmediato varios meses de costo base. Empieza por un primer nivel: una cantidad capaz de absorber los imprevistos más frecuentes. Después construye hacia uno, tres o más meses según tu situación.

Guárdala en un lugar líquido, accesible y separado del dinero cotidiano. La reserva no debe buscar el máximo rendimiento. Su trabajo es estar disponible.

Esta distinción importa: no todo dinero tiene la misma misión. Exigir alta rentabilidad a la reserva puede someterla a riesgos que contradicen su propósito. Exigir disponibilidad inmediata a una inversión de largo plazo también puede destruir su estrategia.

## Gastos fijos: decisiones pequeñas que duran años

Un café ocasional rara vez determina tu destino financiero. Las grandes obligaciones recurrentes sí.

Vivienda, vehículo, educación, créditos, seguros, suscripciones y contratos consumen margen cada mes. Muchas personas prestan más atención a los gastos pequeños porque son visibles, pero una sola decisión fija puede equivaler a cientos de renuncias menores.

Antes de asumir una obligación recurrente, pregunta:

- ¿Cuál es el costo total, no solo la cuota?
- ¿Qué porcentaje de mi ingreso compromete?
- ¿Qué ocurre si mis ingresos bajan durante seis meses?
- ¿Qué otro objetivo quedará sin financiar?
- ¿Estoy comprando utilidad, identidad o aprobación?
- ¿Podría probar una versión menos costosa antes de comprometerme?

El objetivo no es elegir siempre lo más barato. Es comprender cuánta libertad estás intercambiando.

## El gasto consciente no es gasto perfecto

Habrá compras que no maximicen utilidad y aun así enriquezcan tu vida. Una cena, un objeto bello, un viaje o un regalo no necesitan convertirse en inversión para ser válidos.

El problema aparece cuando compras algo que no querías realmente, para sentir algo que el objeto no puede sostener.

Antes de una compra no esencial, crea una pausa. Puede ser de veinticuatro horas, siete días o treinta, según la cantidad. Durante esa pausa pregunta:

1. ¿Qué necesidad intento cubrir?
2. ¿Seguiré queriéndolo cuando cambie mi emoción?
3. ¿Qué costo tiene en horas de trabajo netas?
4. ¿Qué objetivo retrasará?
5. ¿Tengo un lugar y una función para esto?
6. ¿Pagaría lo mismo si nadie lo viera?

No necesitas responder «no». Solo necesitas que el «sí» sea consciente.

## Automatizar lo importante

La fuerza de voluntad es un recurso inestable. El cansancio, la urgencia y la emoción la reducen. Por eso las decisiones importantes deben ocurrir antes de que el dinero esté disponible para todo.

Automatiza, cuando sea posible:

- una transferencia a la reserva;
- aportaciones de inversión;
- pagos mínimos y facturas;
- un fondo para gastos anuales;
- una cantidad para objetivos específicos.

La automatización convierte una intención en infraestructura. También revela si el plan es realista. Si transfieres una cantidad que debes recuperar cada semana para pagar gastos, no necesitas más culpa; necesitas ajustar la cifra o el ingreso.

Empieza pequeño y aumenta después de varios meses de estabilidad.

### PRÁCTICA: TU MAPA FINANCIERO DE UNA PÁGINA

Crea una hoja con cinco bloques.

**Bloque 1. Entradas mensuales netas**

Anota ingresos estables y el promedio conservador de los variables.

**Bloque 2. Costo base**

Suma vivienda, servicios, comida, transporte, salud, seguros, cuotas mínimas y responsabilidades esenciales.

**Bloque 3. Obligaciones y deudas**

Registra saldo, cuota y costo.

**Bloque 4. Protección y crecimiento**

Anota reserva disponible, ahorro e inversiones.

**Bloque 5. Margen**

Resta todos los compromisos y aportaciones a los ingresos.

Después responde:

- ¿Cuál es la cifra que más me sorprendió?
- ¿Qué gasto sostiene realmente mi vida?
- ¿Qué obligación consume libertad sin aportar suficiente valor?
- ¿Qué riesgo carece de protección?
- ¿Cuál es el cambio más pequeño que liberaría flujo este mes?
- ¿Qué cantidad puedo automatizar sin depender de un mes perfecto?

Elige una sola acción y ponle fecha.

---

### IDEA CLAVE

---

*La claridad no limita tu libertad. La crea.*

*Cuando sabes hacia dónde va el dinero, puedes dejar de reaccionar y empezar a dirigir. El flujo consciente convierte cada ingreso, por pequeño que sea, en una decisión sobre el presente y el futuro.*

*No necesitas controlar todo. Necesitas dejar de vivir como si nada pudiera ser visto.*

PARTE II

# EXPANDIR

# 4. I — Ingresos expansivos

*Crear valor, cobrarlo y multiplicarlo*

*Ahorrar protege una parte de lo que ya existe. Aumentar ingresos amplía lo que puede existir.*

Durante años, gran parte de la educación financiera popular se concentró en recortar: menos cafés, menos salidas, menos pequeños placeres. La contención tiene valor, especialmente cuando los gastos superan los ingresos. Pero el ahorro posee un límite matemático: no puedes reducir por debajo de cero. La capacidad de generar valor, en cambio, puede desarrollarse durante toda la vida.

Esto no significa trabajar sin descanso. Una estrategia de ingresos basada solo en vender más horas termina chocando con el cuerpo, la familia y el calendario. El objetivo es construir una capacidad de ganar que dependa cada vez menos del agotamiento y cada vez más de la especialización, la reputación, los sistemas y los activos.

## El ingreso sigue al valor percibido, no al esfuerzo secreto

El mercado no ve todo lo que te cuesta hacer algo. Ve el resultado, la confianza que inspiras, la urgencia del problema, la claridad de tu propuesta y las alternativas disponibles.

Puedes trabajar diez horas en una tarea que el cliente considera intercambiable y cobrar menos que alguien que resuelve en una hora un problema costoso y específico. No porque su tiempo valga más como ser humano, sino porque el valor económico no se mide únicamente por esfuerzo.

Esta idea incomoda a quienes aprendieron que el sacrificio garantiza recompensa. Pero también libera. Si el ingreso no depende solo de cuánto sufres, puedes mejorar otras variables:

- resolver problemas más importantes;
- adquirir una habilidad escasa;
- reducir tiempo, riesgo o complejidad para otros;
- comunicar mejor el resultado;

- trabajar con un mercado que puede pagar;
- crear un producto repetible;
- construir evidencia y confianza;
- utilizar tecnología y sistemas para ampliar alcance.

Pregúntate: **¿qué problema sé resolver hoy y cuánto cuesta dejarlo sin resolver?**

La segunda parte de la pregunta cambia todo. Una tarea puede parecer pequeña, pero su ausencia puede producir pérdidas, retrasos, estrés o riesgo. Quien comprende el costo del problema puede explicar mejor su valor.

## La escalera de valor

Imagina tus ingresos como una escalera con cuatro peldaños.

**Peldaño 1: tiempo.** Cobras por horas, días o turnos. Es directo y útil, pero tiene un techo físico.

**Peldaño 2: resultado.** Cobras por resolver un problema, no por demostrar cuánto tardaste. La experiencia puede aumentar el ingreso y reducir el tiempo.

**Peldaño 3: sistema.** Documentas un proceso, delegas partes, utilizas herramientas o conviertes el servicio en una metodología repetible.

**Peldaño 4: activo.** Creas algo que puede venderse o producir valor más de una vez: propiedad intelectual, licencia, curso, libro, software, participación, cartera de inversiones o negocio con capacidad operativa.

No todos necesitan llegar al cuarto peldaño ni abandonar el empleo. La pregunta es si toda tu economía depende de una única combinación de tiempo y pagador.

Un salario puede ser una base excelente. Se vuelve frágil cuando constituye el único ingreso, la única red profesional y la única fuente de aprendizaje.

## El mito de la pasión como punto de partida

«Haz lo que amas» puede ser una invitación útil, pero también una carga. Muchas personas esperan descubrir una pasión perfecta antes de desarrollar una capacidad rentable.

A menudo el orden es distinto. Empiezas por algo que toleras o te interesa. Practicas. Obtienes mejores resultados. La competencia genera confianza. La confianza permite elegir proyectos. La autonomía aumenta el compromiso. Con el tiempo, una habilidad se convierte en parte de una vida con sentido.

No necesitas amar cada minuto de una actividad para que financie lo que amas.

Busca la intersección de cuatro elementos:

1. Algo que puedes aprender o ya haces bien.
2. Un problema por el que alguien paga.
3. Un contexto de trabajo que puedes sostener.
4. Una trayectoria que amplía opciones en lugar de cerrarlas.

La abundancia no exige que todo ingreso sea vocación. Exige que el ingreso no destruya aquello que pretende sostener.

## Capital de habilidades

El dinero no es el único capital. También posees habilidades, relaciones, credibilidad, atención, conocimiento de un sector, capacidad de vender, idiomas, audiencia y experiencia acumulada.

Haz un inventario más amplio.

Quizá sabes organizar información compleja, pero lo consideras «algo normal». Quizá puedes explicar con claridad, detectar errores, negociar, escribir, diseñar procesos, cuidar personas, analizar datos, conectar oportunidades o mantener calma en una crisis.

Lo que haces con facilidad puede tener valor precisamente porque a otros les cuesta.

Clasifica tus habilidades en tres grupos:

**Habilidades de producción.** Crean el resultado: programar, diseñar, cocinar, reparar, analizar, enseñar.

**Habilidades de distribución.** Hacen que el valor llegue a quienes lo necesitan: ventas, marketing, comunicación, networking, creación de audiencia.

**Habilidades de dirección.** Organizan recursos y decisiones: gestión, priorización, contratación, finanzas, liderazgo.

Muchas carreras se estancan no por falta de capacidad técnica, sino porque la persona no desarrolla distribución o dirección. Hace un trabajo excelente que pocos conocen, o acepta proyectos que no puede convertir en un sistema.

Elige una habilidad complementaria que aumente el valor de las que ya posees. Un diseñador que aprende ventas cambia su mercado. Una especialista técnica que aprende a presentar a directivos puede acceder a problemas más grandes. Un profesional independiente que aprende finanzas puede convertir ingresos irregulares en una empresa sostenible.

## Aumentar ingresos dentro de un empleo

No todas las estrategias requieren emprender.

Dentro de una organización, tu capacidad de ganar suele aumentar cuando puedes demostrar impacto y reducir incertidumbre. Para ello:

- registra resultados concretos;
- comprende qué métricas importan a la empresa;
- vincula tu trabajo con ingresos, ahorro, velocidad, calidad o riesgo;
- asume problemas visibles, no solo tareas asignadas;
- comunica avances sin esperar a que alguien los descubra;
- desarrolla relaciones más allá de tu equipo inmediato;
- conoce el rango de mercado de tu función;
- prepara alternativas antes de negociar.

Trabajar bien no garantiza que te paguen mejor. Debes traducir el trabajo a un lenguaje que la organización valore.

En lugar de «he trabajado muchísimo», prueba con: «Rediseñé el proceso, redujimos el tiempo de entrega un veinte por ciento y el equipo puede absorber más volumen sin nuevas contrataciones».

No inventes impacto. Hazlo visible.

## Ingresos adicionales sin convertirte en una máquina

La idea de una segunda fuente de ingresos suele presentarse como una obligación: si no monetizas cada talento y cada minuto libre, estás desperdiciando potencial. Esa mentalidad puede transformar la abundancia en una nueva forma de escasez: nunca descansar, nunca hacer algo sin convertirlo en producto.

Una fuente adicional debe cumplir una función clara. Puede servir para:

- acelerar el pago de una deuda;
- crear una reserva;
- probar un mercado;
- desarrollar una habilidad;
- reducir dependencia laboral;
- financiar una inversión;
- construir un activo a largo plazo.

Define de antemano cuánto tiempo y energía puede consumir. Un ingreso que deteriora tu actividad principal, tu salud y tus relaciones puede ser más caro de lo que parece.

Empieza por una oferta pequeña y concreta. No construyas una marca completa antes de saber si alguien quiere el resultado.

Una buena primera oferta responde:

- ¿Para quién es?
- ¿Qué problema resuelve?
- ¿Qué resultado entrega?
- ¿En cuánto tiempo?
- ¿Qué incluye y qué no?
- ¿Cuál es el precio?
- ¿Qué evidencia puedo mostrar?

La claridad vende mejor que una lista infinita de posibilidades.

## La diversificación no significa dispersión

Tener siete proyectos incompletos no es lo mismo que tener ingresos diversificados.

La diversificación saludable suele construirse por capas:

1. Estabiliza la fuente principal.
2. Desarrolla una habilidad que pueda convertirse en ingreso.

3. Prueba una oferta con pocos clientes.
4. Documenta lo que funciona.
5. Reinvierte una parte en capacidad o distribución.
6. Convierte una parte de los excedentes en activos financieros de largo plazo.

El error frecuente es saltar de una idea a otra cada vez que aparece dificultad. La novedad produce entusiasmo; la repetición produce resultados. Necesitas tiempo suficiente para distinguir una mala estrategia de una buena estrategia mal ejecutada.

## El precio de cobrar poco

Cobrar menos puede parecer una forma de facilitar la decisión del cliente. A veces es adecuado: estás aprendiendo, probando una oferta o entrando en un mercado. Pero convertir el precio bajo en identidad tiene consecuencias.

Un precio insuficiente reduce el tiempo disponible para hacer buen trabajo, impide invertir en herramientas, obliga a aceptar más volumen y puede atraer a quienes valoran únicamente el descuento. También envía un mensaje interno: mi trabajo necesita disculparse para ser elegido.

Un precio sostenible debe considerar:

- tiempo directo e indirecto;
- costos y herramientas;
- impuestos y periodos sin facturación;
- dificultad y especialización;
- valor y riesgo del resultado;
- capacidad de entrega;
- mercado y posicionamiento;
- margen para mejorar el servicio.

No se trata de cobrar lo máximo posible. Se trata de dejar de fingir que tus costos no existen.

## Reinvertir antes de celebrar todo

Cuando aparece un ingreso adicional, la tentación es tratarlo como dinero libre. Una parte puede disfrutarse. Pero si todo se consume, el ingreso no se convierte en capacidad.

Crea una regla de reparto antes de recibirlo. Por ejemplo:

- una parte para obligaciones fiscales;
- una parte para reserva o deuda;
- una parte para reinversión;
- una parte para inversión a largo plazo;
- una parte para disfrute.

Los porcentajes dependen de tu realidad. La regla importa porque evita que cada ingreso extraordinario necesite una nueva batalla emocional.

La reinversión puede financiar formación específica, software, apoyo profesional, marketing, equipo, tiempo liberado o pruebas de mercado. Debe estar vinculada a una hipótesis: «Si invierto aquí, espero mejorar esta capacidad o este resultado». Comprar herramientas por entusiasmo no es reinversión; es consumo empresarial.

### PRÁCTICA: TU PLAN DE EXPANSIÓN DE INGRESOS

Divide una hoja en cuatro partes.

**1. Valor actual**

Escribe tres problemas que sabes resolver. Junto a cada uno, anota quién los tiene y qué costo produce no resolverlos.

**2. Habilidad de mayor retorno**

Elige una habilidad que, desarrollada durante los próximos seis meses, aumentaría tus oportunidades. Define cómo la practicarás y qué evidencia crearás.

**3. Próxima conversación**

Anota una acción de mercado: pedir una revisión salarial, contactar a un posible cliente, publicar una oferta, solicitar una recomendación, investigar tarifas o presentar una propuesta.

**4. Regla para el ingreso adicional**

Decide por adelantado cómo repartirás cualquier cantidad extra que llegue este trimestre.

Después formula una meta que dependa de acciones, no solo de resultados:

No: «Quiero ganar diez mil más».

Sí: «Durante doce semanas realizaré cinco conversaciones de mercado por semana, presentaré dos propuestas y documentaré una oferta repetible».

No controlas cada respuesta. Sí controlas la cantidad de oportunidades que creas y la calidad con la que aprendes de ellas.

---

### IDEA CLAVE

---

*Ganar más no empieza por exigirle al cuerpo más horas. Empieza por aumentar el valor que puedes crear, demostrar, distribuir y conservar.*

*Tu potencial de ingresos no es infinito en cada momento. Pero tampoco está fijado por tu salario actual, tu pasado o la primera habilidad con la que entraste al mercado.*

*La expansión empieza cuando dejas de preguntar únicamente «¿cuánto me pagan?» y comienzas a preguntar:*

**¿Qué capacidad puedo construir para que mis opciones de mañana sean más amplias que las de hoy?**

# Interludio II

## *La trampa del estatus*

*El estatus es una de las formas más caras de inseguridad.*

No porque disfrutar de calidad, belleza o comodidad sea un problema, sino porque el deseo de ser visto nunca queda completamente satisfecho. Lo que ayer parecía extraordinario se vuelve normal. El grupo de referencia cambia. La siguiente mejora promete recuperar una sensación que dura cada vez menos.

Comprar para vivir y comprar para demostrar pueden parecer lo mismo desde fuera. La diferencia está en la pregunta que la compra intenta responder.

«¿Esto mejora mi vida?» es distinta de «¿Esto prueba que mi vida vale?».

### El lujo visible y el lujo invisible

El lujo visible se reconoce rápido: marca, tamaño, ubicación, novedad. El lujo invisible puede ser una mañana sin alarma, una deuda pagada, seis meses de reserva, la capacidad de cuidar a alguien, elegir un cliente o no temer una reparación.

Ambos pueden coexistir. El problema aparece cuando el lujo visible consume sistemáticamente el invisible.

Una cuota que parece asequible puede comprar un objeto y vender meses de flexibilidad. Una casa más grande puede ofrecer espacio y exigir un trabajo que no quieres mantener. Un estilo de vida elevado puede convertir cada descenso de ingresos en amenaza.

Antes de aumentar un gasto fijo, pregunta:

**¿Este cambio amplía mi vida o solo eleva el costo de mantener una imagen?**

### La adaptación: cuando más se vuelve normal

Las personas tendemos a adaptarnos. Una mejora puede producir alegría y, con el tiempo, integrarse en el nivel habitual. La literatura sobre adaptación hedónica ayuda a explicar por qué el consumo no crea satisfacción acumulativa al mismo ritmo que aumenta el gasto (Frederick y Loewenstein, 1999).

Si esperas que cada compra sostenga una emoción permanente, necesitarás una secuencia interminable.

La alternativa no es renunciar a todo. Es extender el valor de lo que ya existe mediante atención, uso y gratitud concreta. Una compra disfrutada cien veces puede enriquecer más que diez compras utilizadas una.

Pregunta después de adquirir algo:

- ¿Lo estoy usando?
- ¿Lo cuido?
- ¿Me libera o me exige?
- ¿Sigue representando mis valores?

La abundancia también consiste en recibir por completo lo que ya pagaste.

## El costo de pertenecer

Cada grupo tiene normas económicas no escritas. Dónde se come, cómo se viste, qué regalos se consideran apropiados, qué vacaciones son normales, cuánto se gasta en una celebración.

Es difícil desafiar estas normas porque el dinero se mezcla con pertenencia. Decir «no está en mis prioridades» puede sentirse como decir «no quiero estar con ustedes».

Pero pertenecer a costa de desordenarte crea una relación basada en representación. Las personas que solo te aceptan mientras igualas su consumo no ofrecen una comunidad segura.

Puedes proponer alternativas, establecer un presupuesto o elegir menos eventos. No tienes que revelar toda tu situación. Una frase suficiente es:

«Esta vez no voy a gastar esa cantidad, pero me encantaría verlos de otra manera».

## El permiso para desear

Rechazar el estatus no significa negar el deseo. Puedes querer una casa hermosa, ropa de calidad, viajes o experiencias exclusivas. El deseo se vuelve peligroso cuando no puede nombrarse y planificarse.

Si finges que no te importa, quizá termines comprando de forma impulsiva y justificándolo después. Si lo reconoces, puedes preguntar cuánto cuesta, qué representa, qué objetivo compite con él y cómo financiarlo sin traicionar otras prioridades.

Un deseo consciente puede convertirse en meta. Un deseo vergonzoso suele convertirse en impulso.

## La métrica privada

Elige tres señales de progreso que nadie pueda evaluar desde una fotografía.

Por ejemplo:

- meses de costo base cubiertos;
- porcentaje de ingresos invertido;
- horas semanales no vendidas;
- deuda total;
- ingresos procedentes de activos;
- capacidad de ayudar sin endeudarte;
- número de decisiones que puedes rechazar.

Revísalas trimestralmente. Tu vida necesita un marcador que no dependa de la mirada ajena.

---

### PRÁCTICA: LA COMPRA QUE NADIE VERÁ

Piensa en una compra grande que deseas o has realizado recientemente.

Responde con honestidad:

1. ¿La querría si nadie supiera que la tengo?
2. ¿Qué experiencia espero que me proporcione?
3. ¿Qué costo recurrente crea?
4. ¿Qué otra libertad pospone?
5. ¿Puedo probar, alquilar o esperar antes de comprometerme?
6. ¿Cómo sabré, un año después, que valió la pena?

No busques prohibirte. Busca elegir sin audiencia.

### IDEA CLAVE

*La riqueza más poderosa no siempre puede mostrarse. A menudo es la capacidad de no demostrar nada.*

*Cuando tus decisiones dejan de pedir aprobación, el dinero recupera su función: construir una vida que se sienta valiosa incluso cuando nadie la está mirando.*

# 5. N — Negociación y límites

## *Dejar de descontarte a ti mismo*

*Muchas pérdidas financieras no aparecen como compras. Aparecen como conversaciones que nunca ocurrieron.*

Un salario que no pediste revisar. Un precio que bajaste antes de escuchar una objeción. Un préstamo familiar que aceptaste por culpa. Un proyecto que creció sin que cambiara la tarifa. Una factura que tardaste meses en reclamar. Un «sí» pronunciado cuando tus recursos ya estaban comprometidos.

Negociar no es pelear por cada moneda. Es participar activamente en las condiciones bajo las que intercambias tiempo, valor, riesgo y dinero.

Cuando no negocias, las condiciones no desaparecen. Las define otra persona, el hábito o el miedo.

### La primera negociación ocurre dentro de ti

Antes de decir una cifra en voz alta, tu mente ya ha discutido con ella.

«¿Y si piensan que soy ambicioso?»

«¿Y si pierdo la oportunidad?»

«Quizá no soy tan bueno.»

«Hay gente que cobraría menos.»

«Debería estar agradecido de que me elijan.»

Estas frases provocan un descuento preventivo. Reduces la petición para evitar el rechazo, pero después interpretas la aceptación rápida como prueba de que el precio era correcto. Nunca descubres qué habría ocurrido si hubieras presentado una cifra sostenible.

La confianza no consiste en creer que siempre obtendrás lo que pides. Consiste en saber que una negativa no reduce tu valor y que puedes evaluar alternativas.

Negociar desde la necesidad absoluta es difícil porque cualquier «no» parece una amenaza. Por eso el margen financiero y las alternativas aumentan el poder de negociación. Una reserva no solo paga emergencias; también te permite rechazar condiciones que te hacen daño.

## Preparar antes de pedir

La negociación improvisada suele convertirse en una conversación sobre emociones. La preparación la convierte en una conversación sobre criterios.

Antes de una revisión salarial o de precios, reúne información:

- resultados obtenidos;
- responsabilidades actuales frente a las iniciales;
- costos o riesgos que reduces;
- referencias de mercado;
- alcance exacto de la propuesta;
- alternativas disponibles;
- cifra ideal, cifra aceptable y punto de retirada;
- elementos negociables además del dinero.

No necesitas presentar todo. Necesitas conocerlo para no responder desde el pánico.

En un empleo, la petición puede sonar así:

«Durante los últimos nueve meses asumí estas responsabilidades y conseguí estos resultados. Me gustaría revisar mi compensación para alinearla con el alcance actual del puesto y con el rango de mercado. Propongo una actualización a...»

En un servicio:

«Para el alcance que hemos definido, la inversión es de... Incluye estos entregables, estas revisiones y este plazo. Cualquier ampliación se cotiza por separado.»

Observa que ninguna frase contiene disculpas. La claridad no es agresión.

## No negocies contra ti antes de tiempo

Un error común es llenar el silencio.

Dices el precio y, al no recibir respuesta inmediata, añades: «Pero podemos ajustarlo», «también tengo una opción más barata», «sé que quizá es mucho».

El silencio puede significar que la otra persona está pensando, calculando o simplemente procesando. No conviertas unos segundos en una objeción imaginaria.

Presenta la cifra y detente.

Si aparece una objeción, pregunta antes de reducir:

«¿Qué parte no encaja: el presupuesto, el alcance o el momento?»

Tal vez el problema no sea el precio. Puede ser falta de claridad, riesgo percibido, plazo o prioridad. Un descuento no resuelve automáticamente ninguno de esos elementos.

Cuando sea necesario ajustar, intercambia valor en lugar de regalarlo:

- menor precio por menor alcance;
- descuento por pago anticipado;
- tarifa diferente por compromiso más largo;
- cambio de plazo;
- eliminación de entregables;
- opción de grupo en lugar de individual.

Cada concesión debe tener una razón y, cuando sea posible, una contraprestación.

## El costo de querer gustar

Cobrar, pedir o poner límites puede activar el deseo de aprobación. Quieres que el cliente, jefe, pareja o familiar siga considerándote generoso, fácil y comprensivo.

Pero una relación basada en que nunca incomodes no es una relación segura. Es una relación condicionada.

A veces el precio de gustar es invisible durante meses. Aceptas trabajo extra y te vuelves menos disponible para quienes amas. Prestas dinero y después evitas a la persona porque no sabes cómo pedirlo. Pagas siempre en el grupo y acumulas resentimiento. Cubres errores ajenos y retrasas tus propios objetivos.

Un límite financiero no dice «no me importas». Dice «esta ayuda necesita una forma que yo pueda sostener».

Puedes ofrecer tiempo en lugar de dinero. Pagar directamente una necesidad en vez de entregar efectivo. Prestar solo una cantidad que podrías asumir como pérdida. Decidir que no prestas, pero sí regalas dentro de un presupuesto. Ayudar una vez, no convertirte en una solución permanente.

La generosidad sin límites suele terminar en agotamiento o control. La generosidad con estructura conserva la dignidad de ambas partes.

## Préstamos familiares: claridad antes que confianza ciega

La frase «somos familia» se utiliza a veces como sustituto de un acuerdo. Pero el afecto no elimina la necesidad de claridad; la aumenta.

Antes de prestar, responde:

- ¿Puedo perder esta cantidad sin comprometer mi estabilidad?
- ¿Cuál es el propósito?
- ¿Existe un plan realista de devolución?
- ¿Qué ocurrirá si no se cumple?
- ¿Estoy ayudando a resolver una situación o financiando un patrón repetido?
- ¿Quiero prestar o temo decir no?

Si decides hacerlo, registra importe, fechas y condiciones. No porque desconfíes, sino porque la memoria y las expectativas cambian.

Si no puedes prestar, una respuesta suficiente es:

«No puedo asumir ese compromiso económico. Puedo ayudarte a revisar opciones o contribuir con esta cantidad como regalo, pero no puedo financiar el total.»

No necesitas construir una defensa de veinte minutos. Cuantas más explicaciones das, más parece que tu límite está abierto a juicio.

## La negociación en pareja

En una relación, negociar no debería significar que uno gana y el otro pierde. Significa diseñar reglas que respeten seguridad, autonomía y objetivos compartidos.

Las parejas suelen discutir por gastos concretos cuando el conflicto real está en la distribución de poder. Si una persona genera más ingresos, ¿tiene más derecho a decidir? Si una realiza trabajo doméstico no remunerado, ¿cómo se reconoce? ¿Cada gasto individual necesita aprobación? ¿Qué cantidad puede decidir cada uno sin consultar? ¿Qué obligaciones familiares externas asume la pareja?

No existe un único modelo correcto. Puede haber cuentas conjuntas, separadas o mixtas. Lo esencial es que el sistema sea explícito y revisable.

Una conversación útil incluye:

- ingresos y deudas completos;
- costo base compartido;
- contribuciones proporcionales o acordadas;
- dinero individual sin supervisión;
- objetivos comunes;
- límite para compras que requieren consulta;
- reglas para ayudar a terceros;
- plan ante pérdida de ingresos;
- frecuencia de revisión.

La transparencia no es vigilancia. El control impide autonomía; la transparencia permite coordinación.

## Negociar contigo mismo

También haces acuerdos internos. «Este mes gastaré menos.» «Mañana revisaré la cuenta.» «Cuando gane más empezaré a ahorrar.»

Si rompes esos acuerdos repetidamente, la solución no es prometer con más intensidad. Es diseñar condiciones más claras.

Una meta como «gastar menos» no tiene criterio. En cambio:

«Durante treinta días no compraré ropa y transferiré esa cantidad al fondo de reserva» puede medirse.

«Ahorraré lo que quede» depende de la casualidad.

«El día posterior a cada cobro transferiré un cinco por ciento» crea una regla.

La confianza personal se construye cumpliendo compromisos pequeños. No prometas una revolución diaria. Promete una acción que puedas repetir incluso en una semana difícil.

## El poder de las alternativas

La negociación mejora cuando no depende de una sola puerta.

No necesitas tener diez ofertas. Necesitas reducir la sensación de que esta es la última oportunidad posible.

Construir alternativas puede significar:

- mantener conversaciones antes de necesitar un cambio;
- desarrollar una segunda habilidad;
- cultivar relaciones profesionales;
- crear reserva;
- investigar otros proveedores o condiciones;
- separar un cliente grande en varios medianos;
- conocer el costo de decir sí.

Cuando una opción representa el cien por ciento de tu seguridad, aceptarás condiciones que no elegirías con margen. La diversificación no solo protege ingresos; protege dignidad negociadora.

## Guiones breves para conversaciones difíciles

La claridad se entrena. Utiliza estos modelos y adáptalos.

**Para subir una tarifa:**

«A partir de [fecha], mi tarifa para este servicio será de [cantidad]. El cambio refleja el alcance actual y me permite mantener la calidad y disponibilidad del trabajo.»

**Para un alcance adicional:**

«Eso no está incluido en el acuerdo inicial. Puedo añadirlo por [cantidad/plazo] o podemos sustituir uno de los entregables actuales.»

**Para pedir pago pendiente:**

«La factura [número] venció el [fecha]. Necesito confirmar la fecha exacta de pago. Si existe alguna incidencia, indícamela hoy para resolverla.»

**Para rechazar una petición económica:**

«No puedo comprometer esa cantidad. Mi decisión no está abierta a negociación, pero puedo ayudarte de esta otra forma.»

**Para pedir una revisión salarial:**

«Quiero revisar mi compensación a partir del alcance actual de mi función y los resultados de este periodo. He preparado una propuesta concreta.»

Los guiones no garantizan una respuesta favorable. Evitan que el miedo escriba toda la conversación.

---

### PRÁCTICA: TU CONVERSACIÓN PENDIENTE

Escribe una conversación financiera que has postergado.

Puede ser con un cliente, jefe, pareja, familiar o contigo mismo.

Responde:

1. ¿Qué necesito pedir, aclarar o rechazar?
2. ¿Qué temo que ocurra?
3. ¿Cuál es el costo de no hablar durante otros seis meses?
4. ¿Qué datos o criterios necesito preparar?
5. ¿Cuál es mi cifra o condición ideal?
6. ¿Qué aceptaría?
7. ¿Qué no aceptaré?
8. ¿Qué alternativa puedo construir?

Después redacta tres frases: apertura, petición y cierre.

Pon fecha a la conversación. La preparación sin fecha se convierte en otra forma de evitar.

---

### IDEA CLAVE

---

*Cada vez que reduces tu precio, tu petición o tu límite antes de que alguien responda, negocias en contra de ti.*

*No tienes derecho a obtener siempre un sí. Sí tienes derecho a participar con claridad en las condiciones de tu vida.*

*Reclamar tu parte del infinito también significa dejar de regalar por miedo aquello que necesitas para construir estabilidad, energía y futuro.*

# PARTE III

# MULTIPLICAR

# 6. I — Inversión consciente

*Hacer que el dinero trabaje sin perderte a ti*

*Ahorrar conserva. Invertir intenta multiplicar.*

La diferencia parece sencilla, pero emocionalmente es enorme. El ahorro ofrece una sensación de control: ves una cantidad y esperas encontrarla allí. La inversión introduce fluctuación, incertidumbre y la posibilidad de pérdida. Por eso muchas decisiones de inversión no se explican por falta de información, sino por la forma en que reaccionamos ante el riesgo.

Algunas personas evitan invertir durante décadas porque cualquier descenso les parece fracaso. Otras persiguen ganancias rápidas porque el crecimiento lento les parece insuficiente. Unas entregan todo a alguien que habla con seguridad. Otras cambian de estrategia cada vez que aparece una noticia.

La inversión consciente no elimina la incertidumbre. Construye una relación con ella.

## Antes de invertir: define el trabajo del dinero

No todo dinero debe invertirse.

El dinero para gastos próximos necesita disponibilidad. La reserva necesita estabilidad y acceso. El dinero destinado a objetivos lejanos puede aceptar más variación si la estrategia, el horizonte y tu tolerancia lo permiten.

Antes de elegir un producto, responde:

- ¿Para qué es este dinero?
- ¿Cuándo podría necesitarlo?
- ¿Qué pérdida temporal podría tolerar sin vender por pánico?
- ¿Qué parte de mi patrimonio representa?
- ¿Comprendo cómo genera rendimiento?
- ¿Qué costos, comisiones, impuestos u otras obligaciones pueden aplicarse en mi país?
- ¿Qué ocurriría si la inversión pierde valor durante varios años?

Una inversión no es adecuada solo porque tenga potencial de rentabilidad. Debe ser adecuada para su misión.

Invertir el fondo de emergencia en un activo volátil puede obligarte a vender en el peor momento. Mantener durante décadas todo el dinero en una cuenta que apenas protege su poder adquisitivo también puede tener un costo. La conciencia financiera consiste en asignar cada recurso según su función.

## Riesgo no significa lo mismo para todos

El riesgo tiene varias formas.

**Riesgo de mercado:** el valor puede bajar.

**Riesgo de crédito:** quien debe pagar puede no hacerlo.

**Riesgo de liquidez:** quizá no puedas recuperar el dinero cuando lo necesites.

**Riesgo de concentración:** demasiada dependencia de una empresa, sector, país o activo.

**Riesgo de inflación:** el dinero conserva su cifra nominal, pero compra menos.

**Riesgo de comportamiento:** tú mismo abandonas el plan por euforia, miedo o impaciencia.

Este último se subestima. Una estrategia moderada que puedes mantener puede producir mejores resultados que una estrategia agresiva que abandonarás en la primera caída.

Tu tolerancia al riesgo no se descubre únicamente en un cuestionario. Se descubre cuando ves una pérdida real. Por eso conviene empezar con una cantidad que te permita aprender sin convertir cada movimiento en una amenaza para tu vida.

## Invertir no es apostar

Una apuesta depende principalmente de acertar un resultado incierto y suele tener una expectativa diseñada a favor de la otra parte. Una inversión busca participar en la creación de valor o recibir pagos vinculados a activos, empresas, deuda o producción económica.

La frontera puede difuminarse cuando compras algo que no comprendes solo porque su precio subió. Si tu única razón es «alguien pagará más mañana», estás especulando, aunque el activo tenga una historia sofisticada.

La especulación no es necesariamente ilegal ni siempre irracional, pero debe llamarse por su nombre. El problema surge cuando se utiliza dinero esencial, se ignora el riesgo o se confunde suerte con habilidad.

Antes de invertir, intenta explicar en palabras simples:

1. Qué posees.
2. Cómo puede generar rendimiento.
3. Qué puede salir mal.
4. Cuánto cuesta mantenerlo.
5. Cómo y cuándo puedes vender.

Si no puedes explicarlo, todavía no tienes que comprarlo.

## La diversificación como humildad

Diversificar significa aceptar que no sabes con certeza qué activo, empresa o mercado será el ganador futuro.

En lugar de concentrar todo en una única predicción, distribuyes el riesgo entre diferentes fuentes. La diversificación no impide pérdidas ni garantiza beneficios; reduce la dependencia de que una sola historia resulte correcta. Es uno de los principios centrales de la teoría moderna de carteras (Markowitz, 1952).

Puede existir diversificación entre:

- empresas;
- sectores;
- regiones;
- tipos de activos;
- monedas;
- fechas de entrada;
- fuentes de ingreso.

Pero tener muchas cosas no siempre significa estar diversificado. Diez empresas del mismo sector pueden reaccionar de manera similar. Varios fondos pueden contener casi los mismos activos. La diversificación debe observar lo que existe debajo de los nombres.

La humildad financiera no consiste en pensar que no sabes nada. Consiste en no construir tu futuro como si pudieras adivinarlo todo.

## Los costos pequeños que se vuelven grandes

Comisiones, costos de gestión, diferencias de compra y venta, impuestos y penalizaciones reducen el rendimiento que finalmente recibes.

Un porcentaje que parece pequeño puede acumularse durante años porque no solo pagas la comisión actual; también renuncias al crecimiento que ese dinero podría haber generado.

Antes de contratar, pregunta:

- ¿Qué costo pago al comprar?
- ¿Qué costo anual se descuenta?
- ¿Qué costo pago al vender o retirar?
- ¿Existe permanencia?
- ¿La persona que recomienda recibe comisión?
- ¿Hay una alternativa más simple y menos costosa?

Barato no significa automáticamente bueno, y caro no significa mejor. El costo debe justificar un valor real: asesoramiento, planificación, acceso, gestión o servicio que comprendas.

La opacidad es una señal de alerta. Si alguien no puede explicar cómo cobra, no debería gestionar decisiones que afectan a tu futuro.

## Automatizar para no perseguir el momento perfecto

Muchas personas esperan «el momento ideal» para invertir. El problema es que el momento ideal solo se reconoce después.

La inversión periódica automatizada puede reducir la necesidad de decidir cada mes y distribuir las entradas a lo largo del tiempo. No elimina el riesgo, no garantiza un mejor precio y puede no ser adecuada para todos los productos, pero ayuda a convertir el proceso en hábito.

La automatización también protege contra la narrativa emocional del mercado. Cuando todo sube, aparece el miedo a quedarse fuera. Cuando todo baja, aparece el miedo a perder más. Un plan definido con antelación reduce la cantidad de decisiones tomadas bajo presión.

Esto no significa ignorar tu cartera para siempre. Significa revisar con una frecuencia coherente con el horizonte, no con cada titular.

## La rentabilidad que no aparece en la gráfica

Invertir en activos financieros es una parte de la construcción de riqueza. También existen inversiones en capacidad:

- formación con aplicación concreta;
- herramientas que aumentan productividad;
- salud que protege años de trabajo y vida;
- una red profesional;
- un negocio;
- propiedad intelectual;
- procesos que reducen dependencia de tu presencia;
- asesoramiento que evita errores costosos.

No toda formación es inversión. Un curso que compras por entusiasmo y no utilizas es consumo. Para evaluar una inversión en ti mismo, define qué capacidad desarrollará, cómo la practicarás y qué resultado podría producir.

A veces la mejor inversión inicial no es un producto financiero, sino eliminar una deuda muy costosa, crear reserva o aumentar ingresos. El orden depende de tu situación.

## La trampa de la urgencia

Las promesas de riqueza rápida funcionan porque combinan deseo y miedo. Deseo de cambiar de vida. Miedo a llegar tarde.

Frases como «oportunidad única», «rentabilidad garantizada», «todos están entrando» o «no necesitas entenderlo» deben ralentizarte, no acelerarte.

Cuanto más extraordinaria sea la promesa, más importante es verificar:

- qué autoridad regula o supervisa el producto o a quien lo ofrece;
- dónde se custodian los activos;
- cómo se generan los pagos;

- si puedes retirar;
- qué información independiente existe;
- qué incentivos tiene quien vende;
- qué parte de tu patrimonio arriesgarías.

La presión temporal es una herramienta comercial. La riqueza no necesita que apagues el pensamiento crítico.

## El plan escrito protege de tu yo futuro

Tu yo tranquilo y tu yo asustado no toman las mismas decisiones.

Por eso conviene escribir una política personal de inversión. Puede ocupar una página e incluir:

- objetivos;
- horizonte;
- porcentaje máximo destinado a activos de alto riesgo;
- nivel de reserva necesario antes de invertir;
- frecuencia de aportaciones;
- criterios de diversificación;
- frecuencia de revisión;
- condiciones bajo las que venderías;
- comportamientos prohibidos, como invertir dinero prestado o comprar por presión.

Cuando el mercado se mueve, no necesitas inventar una filosofía nueva. Regresas a la que escribiste sin urgencia.

## Un ejemplo hipotético

Imagina dos personas que pueden destinar la misma cantidad mensual durante veinte años.

La primera espera cinco años porque quiere sentirse completamente preparada. Después invierte cantidades mayores, pero cambia de estrategia varias veces buscando recuperar el tiempo.

La segunda empieza con una cantidad modesta, aprende mientras avanza, mantiene costos bajos y aumenta aportaciones cuando crecen sus ingresos.

No podemos saber cuál obtendrá mayor rendimiento. Sí sabemos que la segunda utilizó cinco años adicionales de hábito y aprendizaje. El tiempo no garantiza riqueza, pero esperar indefinidamente sí garantiza que ese dinero no participe en el proceso.

El objetivo no es empezar de forma imprudente. Es no convertir la necesidad de certeza en una excusa infinita.

### PRÁCTICA: TU DECLARACIÓN DE INVERSIÓN CONSCIENTE

Completa estas frases:

- Invierto para...
- Este dinero no lo necesitaré antes de...
- Puedo tolerar una caída temporal de... sin cambiar el plan, porque...
- Nunca invertiré dinero destinado a...
- Antes de comprar un activo, necesito comprender...
- Mi límite para decisiones especulativas es...
- Revisaré mi estrategia cada...
- Pediré ayuda profesional cuando...

Después elige una acción educativa, no necesariamente una compra:

- comparar costos de dos alternativas;
- aprender qué contiene un fondo;
- revisar las opciones de ahorro o previsión para el retiro disponibles en tu país;
- identificar tus inversiones concentradas;
- calcular cuánto pagas en comisiones;
- abrir una cuenta adecuada;
- automatizar una pequeña aportación;
- consultar a un profesional cualificado y, cuando corresponda, autorizado o registrado ante el organismo competente.

### IDEA CLAVE

*Invertir no es demostrar valentía. Es asignar dinero futuro con una combinación de conocimiento, humildad y paciencia.*

*La riqueza sostenible rara vez se construye persiguiendo cada oportunidad. Se construye con una estrategia suficientemente clara para sobrevivir a la emoción del momento.*

*Tu parte del infinito no exige saber qué ocurrirá mañana. Exige crear una estructura que no dependa de adivinarlo.*

# 7. T — Tiempo compuesto

## *La paciencia que construye riqueza*

*El dinero puede crecer. El tiempo decide cuánto espacio tiene para hacerlo.*

Esta idea se comprende con facilidad en teoría y suele subestimarse en la práctica. Tendemos a dar más peso a las recompensas inmediatas que a las lejanas, aunque la intensidad de esa preferencia depende del contexto (Frederick, Loewenstein y O'Donoghue, 2002). Una compra produce satisfacción hoy. Una inversión automática puede parecer una cifra pequeña que apenas cambia. Sin embargo, la riqueza duradera suele avanzar de una manera poco espectacular: lentamente al principio y, si el proceso se sostiene, con mayor fuerza después.

El crecimiento compuesto ocurre cuando los rendimientos generan, a su vez, nuevos rendimientos. Pero el principio va más allá de las inversiones. Una habilidad practicada produce oportunidades que permiten practicarla a un nivel superior. Una reputación construida con consistencia genera recomendaciones. Una deuda reducida libera flujo que acelera el siguiente objetivo. Un hábito pequeño disminuye la fricción de decisiones futuras.

El tiempo multiplica tanto lo que construyes como lo que pospones.

## El comienzo parece insignificante

Imagina que destinas una cantidad fija cada mes a una estrategia diversificada de largo plazo. Durante los primeros meses, casi todo el saldo proviene de tus aportaciones. Puede parecer que «no ocurre nada». Esa etapa prueba la paciencia porque el progreso depende principalmente de tu esfuerzo.

Con los años, si existen rendimientos positivos, una parte creciente del avance puede proceder del capital acumulado. El dinero empieza a contribuir junto contigo.

No existe una tasa garantizada, y los mercados no crecen en línea recta. Habrá periodos negativos. El punto no es prometer una cifra, sino comprender la estructura: **cuanto antes empieza un proceso sostenible, más tiempo tiene para acumular efectos**.

Por eso una aportación modesta iniciada temprano puede competir con aportaciones mayores iniciadas mucho después. La lección no es lamentar el pasado. Es dejar de utilizar el pasado como motivo para perder también el presente.

El mejor momento ideal quizá ya pasó. El mejor momento disponible es el próximo que puedas sostener.

## Un ejemplo con números hipotéticos

Supongamos, únicamente para ilustrar el mecanismo, que una persona aporta 200 unidades monetarias al final de cada mes durante treinta años y obtiene un rendimiento nominal anual hipotético del 6 %, capitalizado mensualmente y constante. Otra persona espera diez años y después aporta 400 unidades al mes durante veinte años bajo la misma hipótesis.

En ese ejemplo, la primera aportaría 72 000 unidades y alcanzaría aproximadamente 200 900; la segunda aportaría 96 000 y alcanzaría alrededor de 184 800. La diferencia no es una promesa de rentabilidad: muestra el valor potencial de conceder más tiempo al proceso.

El cálculo omite inflación, impuestos, comisiones, cambios de rendimiento, interrupciones y secuencia de resultados. En la vida real, esas variables importan. Utiliza cualquier simulación solo como herramienta educativa, nunca como garantía ni sustituto de una evaluación profesional.

## El interés compuesto necesita sobrevivir

Hablar de crecimiento compuesto sin hablar de permanencia crea una fantasía. Para que el tiempo trabaje, el plan debe sobrevivir a varias amenazas:

- retirar cada vez que aparece un deseo;
- asumir riesgos que provocan pánico;
- pagar costos excesivos;
- perseguir rendimiento reciente;
- interrumpir aportaciones por falta de reserva;
- aumentar el nivel de vida hasta consumir todo ingreso adicional;
- abandonar porque los primeros años parecen lentos.

La mejor estrategia teórica no sirve si tu comportamiento la destruye.

Por eso la construcción de riqueza se parece más a diseñar una vida que a elegir un producto. Necesitas suficiente margen para invertir sin resentimiento, suficiente protección para no retirar ante cada problema y suficiente comprensión para mantener el rumbo cuando no haya recompensa inmediata.

## La inflación del estilo de vida

Cuando aumentan los ingresos, es natural mejorar ciertas condiciones. El problema aparece cuando cada aumento se convierte de forma automática en un nuevo gasto fijo.

Una vivienda más cara, un vehículo de mayor cuota, más suscripciones y compromisos recurrentes pueden absorber el progreso antes de que se convierta en libertad. Desde fuera parece que la persona prosperó. Por dentro sigue dependiendo del próximo ingreso con la misma intensidad.

La inflación del estilo de vida no se combate congelando la vida para siempre. Se dirige con una regla anticipada.

Por ejemplo, cada vez que aumenten tus ingresos, puedes dividir la mejora entre tres destinos:

- elevar una parte de tu calidad de vida;
- aumentar protección e inversión;
- financiar una meta significativa.

La proporción puede variar, pero debe existir antes de que el nuevo ingreso se vuelva invisible.

La abundancia no consiste en posponer toda alegría. Consiste en impedir que la alegría de hoy compre la dependencia de mañana.

## La paciencia no es pasividad

Esperar sin aportar, aprender ni revisar no es paciencia. Es inercia.

La paciencia financiera es activa. Incluye:

- seguir aportando cuando el proceso parece lento;
- mejorar ingresos mientras la inversión madura;
- revisar costos y diversificación;
- rebalancear cuando corresponde;

- mantener una reserva;
- evitar decisiones irreversibles bajo emoción;
- aceptar que algunos resultados no pueden acelerarse sin aumentar el riesgo.

Vivimos rodeados de historias que comprimen el tiempo. Vemos el éxito final y pocas veces los años anteriores. Un negocio «apareció de la nada». Una inversión «se disparó». Una persona «se hizo rica joven». La narrativa elimina intentos, privilegios, pérdidas, ayuda, suerte y periodos invisibles.

Comparar tu capítulo tres con el capítulo quince de otra persona crea urgencia. La urgencia invita a saltar procesos.

Tu calendario financiero debe responder a tu vida, no al contenido que alguien publica.

## El costo de oportunidad

Cada uso del dinero excluye temporalmente otros usos. Este es el costo de oportunidad.

No significa que toda compra sea un error porque podría invertirse. Si llevas la idea al extremo, ningún disfrute sería justificable. Significa que toda decisión importante merece una comparación honesta.

Una cuota mensual puede parecer pequeña. Multiplicada por años, puede representar una parte significativa de una reserva, una formación o una cartera. Una compra grande puede ser completamente válida, pero conviene verla junto a lo que retrasa.

Pregunta:

«Si elijo esto, ¿qué otra posibilidad estoy posponiendo y estoy de acuerdo con el intercambio?»

Cuando la respuesta es sí, el gasto se vuelve consciente. Cuando nunca haces la pregunta, la vida financiera se llena de compromisos que tomaron decisiones por ti.

## El valor del tiempo libre

El tiempo compuesto también modifica cómo defines riqueza.

Al principio, tal vez utilizas casi todo el tiempo para generar ingresos. A medida que construyes margen, sistemas y activos, una parte del dinero puede empezar a comprar tiempo: menos desplazamientos, ayuda doméstica, descanso, capacidad de rechazar proyectos, una semana sin facturar, cuidado de la salud o presencia con quienes amas.

No todo tiempo comprado produce más dinero. Tampoco tiene que hacerlo.

Una vida rica no es aquella en la que cada hora está optimizada para obtener rendimiento. Es aquella en la que puedes decidir qué horas no están en venta.

Esta distinción protege contra una trampa frecuente: acumular recursos durante décadas sin practicar la libertad que supuestamente buscas. Si nunca permites descanso, disfrute o generosidad hasta alcanzar una cifra perfecta, la escasez habrá cambiado de ropa, pero seguirá dirigiendo.

## Plazos diferentes para metas diferentes

No todas las metas deben competir dentro de una sola cuenta.

Organiza el tiempo en tres horizontes:

**Corto plazo:** gastos previstos durante los próximos meses o pocos años. Prioriza disponibilidad y estabilidad.

**Medio plazo:** objetivos con fecha aproximada, como formación, cambio de vivienda o proyecto empresarial. Combina protección con un nivel de riesgo coherente.

Largo plazo: retiro, independencia financiera o legado. Puede tolerar más variación si existe tiempo, diversificación y capacidad emocional, pero el nivel adecuado depende de la situación personal y de los productos disponibles en cada país.

Cuando mezclas horizontes, una caída de mercado puede amenazar un objetivo próximo, o el miedo a necesitar dinero pronto puede mantener inmóvil todo el patrimonio durante décadas.

El tiempo no es un detalle de la estrategia. Es una de sus variables centrales.

## La regla de no interrumpir

Elige un hábito financiero que continuarás incluso en meses difíciles, aunque reduzcas su tamaño.

Puede ser:

- transferir una cantidad mínima a la reserva;
- aportar una cantidad pequeña a inversión;
- revisar cuentas semanalmente;
- pagar por encima del mínimo de una deuda;
- dedicar una hora a una habilidad rentable.

Esta regla protege la identidad. Un mes difícil puede obligarte a bajar el ritmo, pero no a abandonar la dirección.

La continuidad mínima evita el pensamiento de «ya lo arruiné». La riqueza se beneficia más de regresar rápido que de intentar ser perfecto.

### PRÁCTICA: TU LÍNEA DE TIEMPO DE RIQUEZA

Dibuja una línea con cuatro puntos: hoy, un año, cinco años y diez años.

En cada punto escribe:

- cuánto margen quieres tener;
- qué deuda habrá desaparecido;
- qué habilidades habrás desarrollado;
- qué porcentaje de tus ingresos quieres conservar o invertir;
- qué tiempo deseas recuperar;
- qué riesgos estarán protegidos;
- qué experiencias quieres financiar.

Después vuelve al presente y responde:

1. ¿Qué decisión de hoy tendrá mayor efecto acumulativo?
2. ¿Qué hábito pequeño puedo mantener durante diez años?
3. ¿Qué gasto fijo amenaza mi libertad futura?
4. ¿Dónde estoy intentando acelerar algo que necesita madurar?
5. ¿Qué estoy posponiendo porque el resultado no será inmediato?

Elige una acción que empiece esta semana y una regla para el próximo aumento de ingresos.

## IDEA CLAVE

*La riqueza rara vez llega en un solo movimiento. Se forma cuando decisiones suficientemente buenas permanecen el tiempo suficiente.*

*No puedes controlar cada rendimiento, oportunidad o crisis. Puedes darle al tiempo algo valioso que multiplicar: ahorro, habilidades, reputación, sistemas, relaciones y decisiones coherentes.*

*Tu parte del infinito no está en correr más rápido que todos. Está en construir algo que pueda seguir creciendo cuando el entusiasmo inicial haya desaparecido.*

# PARTE IV

# LIBERAR

# 8. O — Orden, protección y legado

## *Conservar, compartir y elegir*

*Construir riqueza llama la atención. Conservarla parece menos emocionante.*

Sin embargo, una vida financiera puede tardar años en levantarse y perder estabilidad por un riesgo ignorado, un documento inexistente, una cobertura insuficiente, una estafa o una obligación que nadie sabía cómo gestionar.

El orden no es burocracia. Es una forma de cuidado.

Protege a tu yo futuro, reduce decisiones bajo presión y evita que quienes amas tengan que adivinar qué querías en el peor momento posible.

## La riqueza necesita una arquitectura

Una cuenta con dinero no es todavía un sistema. Un sistema responde:

- dónde están los recursos;
- para qué sirve cada cuenta;
- quién puede acceder si tú no puedes;
- qué riesgos están cubiertos;
- qué obligaciones existen;
- qué documentos regulan la propiedad, la sucesión y las decisiones en caso de incapacidad;
- qué instrucciones deben seguirse;
- con qué profesionales contactar;
- qué información necesita protección.

Cuanto más crece tu patrimonio o más personas dependen de ti, menos prudente es confiar únicamente en la memoria.

Crea un inventario financiero que incluya cuentas bancarias, inversiones, coberturas, deudas, propiedades, contratos, prestaciones laborales, documentos tributarios y contactos relevantes. No escribas contraseñas en un archivo inseguro. Utiliza métodos de almacenamiento protegidos y deja instrucciones de acceso conforme a la ley aplicable.

El objetivo no es obsesionarte con todo lo que podría salir mal. Es evitar que un problema previsible se convierta en caos.

## Proteger antes de multiplicar más

La protección suele competir con objetivos más atractivos. Pagar una cobertura no produce una imagen de progreso. Crear una reserva puede parecer lento. Actualizar beneficiarios no genera rendimiento visible.

Pero la riqueza no se mide solo por cuánto puede crecer, sino por cuánto riesgo puede absorber sin destruir tu vida.

Revisa, según tu situación, país y normativa local:

- cobertura de salud;
- protección de vivienda y bienes;
- responsabilidad civil;
- incapacidad o pérdida de ingresos;
- cobertura de vida cuando otras personas dependen económicamente de ti;
- cobertura profesional o empresarial;
- protección ante fraude y robo de identidad.

No necesitas comprar todo. Necesitas identificar riesgos que no podrías pagar por ti mismo.

Una cobertura suele ser más útil para pérdidas poco frecuentes pero financieramente graves que para gastos pequeños que podrías cubrir con reserva. Lee exclusiones, límites, periodos de espera y condiciones. Compara alternativas y verifica que la entidad y el intermediario estén autorizados en tu jurisdicción. Una póliza incomprendida puede crear una falsa sensación de seguridad.

## El fondo de emergencia y el fondo de oportunidades

La reserva tradicional protege de problemas. También puedes crear, después de estabilizar lo esencial, un **fondo de oportunidades**.

Su función es financiar decisiones positivas que requieren rapidez: una formación, un traslado, una inversión en negocio, una pausa para cambiar de trabajo o la posibilidad de comprar tiempo.

Separar ambos fondos evita utilizar la reserva de emergencia para cualquier idea atractiva. Uno protege la continuidad. El otro amplía capacidad de elección.

La cantidad dependerá de tu vida. Lo importante es que cada fondo tenga una definición de uso. Cuando todo ahorro se encuentra en una sola cuenta sin propósito, cualquier deseo puede presentarse como excepción.

## Impuestos y obligaciones: separar antes de gastar

Para quienes trabajan por cuenta propia o dirigen un negocio, uno de los errores más costosos consiste en tratar todos los cobros como dinero disponible.

Una parte puede corresponder a impuestos, aportaciones obligatorias, colaboradores, costos de entrega, garantías o devoluciones. Si consumes el total, una obligación previsible puede aparecer después como una emergencia.

Crea cuentas separadas y reserva periódicamente según una estimación prudente. Verifica calendarios y requisitos en fuentes oficiales y consulta a un profesional tributario cualificado en tu jurisdicción. Conserva facturas, comprobantes y registros con una frecuencia que evite reconstruir todo al final del periodo.

La planificación tributaria legal no consiste en ocultar ingresos ni incumplir obligaciones. Consiste en comprender fechas, bases de cálculo, deducciones permitidas y estructuras compatibles con la normativa aplicable.

La claridad puede reducir costos, errores y ansiedad, pero ninguna regla general sustituye la orientación local.

## Documentos que hablan cuando tú no puedes

Los documentos sucesorios, poderes, voluntades anticipadas, designaciones de beneficiarios y acuerdos de propiedad reconocidos en tu jurisdicción no son temas exclusivos de personas mayores o con grandes patrimonios. Son herramientas para reducir ambigüedad.

Las normas varían según el país, la región, el estado civil, la residencia fiscal y el tipo de activo. Busca asesoramiento jurídico local. Como mínimo, revisa:

- qué ocurriría con tus bienes y obligaciones según la ley si no dejas instrucciones válidas;

- quién figura como beneficiario o persona designada en coberturas, cuentas y planes, cuando esa figura exista;
- quién podría tomar decisiones personales, médicas o patrimoniales si pierdes capacidad, conforme a la legislación aplicable;
- qué ocurriría con un negocio o propiedad compartida;
- quién cuidaría de personas dependientes;
- dónde se encuentran los documentos originales;
- qué deudas y obligaciones existen.

Una conversación difícil hoy puede evitar años de conflicto mañana.

El legado no empieza cuando mueres. Empieza con la forma en que organizas, enseñas y compartes mientras estás presente.

## Seguridad digital y fraude

La vida financiera moderna depende de accesos digitales. Esto crea comodidad y riesgo.

Adopta prácticas básicas:

- contraseñas únicas y largas;
- gestor de contraseñas confiable;
- autenticación en dos pasos;
- alertas de movimientos;
- actualizaciones de dispositivos;
- verificación independiente de solicitudes urgentes;
- copias seguras de documentos;
- límites de acceso para colaboradores;
- revisión periódica de cuentas y suscripciones.

Desconfía de mensajes que combinan urgencia, autoridad y secreto. Una institución legítima no debería impedirte verificar por un canal oficial.

Las estafas no afectan solo a personas ingenuas. Explotan cansancio, miedo, deseo, presión y confianza. La mejor defensa no es creerte inmune; es crear procedimientos que funcionen incluso cuando estás distraído.

## La riqueza que no puedes disfrutar

Existe otra forma de desprotección: construir patrimonio a costa de la vida completa.

Algunas personas llegan a tener suficiente, pero no pueden sentirlo. Cada gasto parece peligroso. Cada descanso, culpa. Cada objetivo alcanzado se reemplaza inmediatamente por otro. El dinero crece, pero la libertad nunca llega.

La mentalidad de escasez puede sobrevivir dentro de una cuenta abundante.

Por eso necesitas una definición de **suficiente**.

Suficiente no significa renunciar al crecimiento. Significa reconocer el punto en el que una parte del progreso debe traducirse en vida.

Define suficiente en varias dimensiones:

- costo de vida cubierto;
- reserva adecuada;
- deuda controlada;
- aportaciones de futuro en marcha;
- tiempo de descanso;
- relaciones cuidadas;
- salud atendida;
- capacidad de ayudar;
- trabajo que no exige destruirte.

Sin una definición, la riqueza se convierte en una carrera cuyo final siempre se aleja.

## Generosidad sin desorden

El dinero puede ampliar tu impacto. Pero dar de manera sostenible requiere intención.

Decide qué causas, personas o formas de ayuda importan. Establece una cantidad o porcentaje que no dependa de la presión del momento. Investiga organizaciones cuando corresponda. Evalúa también formas no monetarias: tiempo, conocimiento, contactos, empleo, mentoría.

La generosidad consciente evita dos extremos: cerrar la mano por miedo y vaciarla por culpa.

También enseña una idea poderosa: la riqueza no termina en quien la posee. Circula.

Sin embargo, compartir no te obliga a financiar decisiones repetidas que dañan a otros. A veces la ayuda más respetuosa es información, límite o acompañamiento para construir autonomía.

## Enseñar sin imponer

Si tienes hijos o personas jóvenes cerca, puedes transmitir una relación más sana con el dinero.

Habla de decisiones, no solo de restricciones. Explica que elegir una cosa significa posponer otra. Permite que administren cantidades pequeñas y experimenten consecuencias seguras. Enséñales a ahorrar para algo deseado, comparar precios, dar y esperar.

Evita utilizar el dinero como única recompensa o amenaza. Y no conviertas a los niños en confidentes de preocupaciones que no pueden resolver.

La educación financiera no requiere revelar cada cifra familiar. Requiere mostrar que el dinero puede comprenderse, planificarse y discutirse sin vergüenza.

## El legado como diseño de opciones

Un legado no es únicamente una herencia monetaria. Incluye hábitos, historias, activos, conocimientos, oportunidades y el grado de libertad que dejas a otros.

Puedes legar una empresa organizada o un negocio que nadie sabe operar. Una propiedad con documentos claros o un conflicto. Dinero acompañado de educación o una cantidad que se consume sin dirección. Una narrativa de miedo o una cultura de conversación.

Pregunta:

**¿Qué quiero que mi forma de manejar el dinero enseñe, incluso cuando no esté explicándola?**

Quizá la respuesta sea responsabilidad, generosidad, independencia, prudencia o capacidad de disfrutar.

El legado no necesita ser enorme para ser significativo. Una reserva que impide que tu familia asuma deuda, una formación pagada, un documento claro o una conversación honesta pueden cambiar una trayectoria.

### PRÁCTICA: LA AUDITORÍA DE PROTECCIÓN

Revisa estas ocho áreas y marca: **resuelto, necesita revisión** o **no existe**.

1. Reserva de emergencia.
2. Seguros y coberturas.
3. Deudas y obligaciones documentadas.
4. Beneficiarios o personas designadas revisados, cuando corresponda.
5. Documentos sucesorios, poderes u otros instrumentos legales relevantes para tu jurisdicción.
6. Registro de cuentas, activos y contactos.
7. Seguridad digital.
8. Plan de continuidad para familia o negocio.

Elige las dos áreas con mayor impacto y pon una fecha de resolución.

Después escribe tu definición de suficiente:

«Para mí, una vida financieramente suficiente incluye...»

No utilices solo una cifra. Incluye tiempo, salud, relaciones, seguridad, creación y contribución.

Finalmente responde:

- ¿Qué quiero proteger?
- ¿Qué quiero disfrutar mientras lo construyo?
- ¿Qué quiero compartir?
- ¿Qué quiero que otros aprendan de mi relación con el dinero?

### IDEA CLAVE

*La riqueza no está completa cuando solo puede crecer. Está completa cuando puede resistir, servir y convertirse en libertad.*

*El orden convierte recursos dispersos en protección. La protección permite asumir riesgos con mayor inteligencia. Y el legado transforma una vida financiera individual en una cadena de posibilidades.*

*Reclamar tu parte del infinito no consiste en acumular sin final. Consiste en construir suficiente estructura para que el dinero deje de dominar tus decisiones y empiece a sostenerlas.*

PARTE V

# CONSOLIDAR

# 9. La vida rica antes de la cifra

## *Definir suficiente sin renunciar a crecer*

*El dinero puede resolver muchas cosas, pero no puede decirte qué vida merece ser financiada.*

Puede pagar una casa, pero no elegir por ti qué significa hogar. Puede comprar tiempo, pero no decidir en qué deseas utilizarlo. Puede ampliar opciones, pero no explicar cuáles de ellas merecen tu atención. Cuando una persona persigue una cifra sin haber definido la vida que esa cifra debe sostener, corre el riesgo de ganar más y sentirse igual de lejos.

Por eso la pregunta «¿cuánto necesito?» es importante, pero incompleta. Antes aparece otra: «¿para qué quiero ese dinero?». Sin una respuesta concreta, la riqueza se convierte en una carrera cuyo final se mueve cada vez que te acercas.

La abundancia adulta no consiste en declarar que todo es posible. Consiste en construir recursos al servicio de una vida reconocible. Una vida que puedas describir sin recurrir únicamente a palabras como éxito, lujo o libertad.

### La cifra que no sabe qué vida debe sostener

Imagina que alguien te pregunta cuánto dinero necesitarías para sentirte seguro. Tal vez respondas con una cantidad redonda: cien mil, un millón, cinco millones. La cifra puede parecer precisa y, sin embargo, contener muy poca información.

¿Debe cubrir una vivienda pagada o una vivienda alquilada? ¿Incluye educación para tus hijos? ¿Viajes? ¿Apoyo a familiares? ¿Un negocio? ¿Tratamientos médicos? ¿Años sin trabajar? ¿Una ciudad cara o una vida sencilla? Dos personas pueden pronunciar la misma cifra y estar hablando de realidades completamente distintas.

Una meta financiera se vuelve útil cuando puede traducirse en decisiones. «Quiero ser rico» no indica qué hacer esta semana. «Quiero construir una reserva de doce meses para poder cambiar de trabajo sin aceptar la primera oferta» sí lo hace. «Quiero libertad» es una aspiración. «Quiero que mis gastos esenciales puedan sostenerse durante un año sin ingresos laborales» es una estructura.

Cuanto más vaga sea la meta, más fácil será que el entorno la sustituya por sus propias definiciones: una casa más grande, un vehículo más nuevo, una marca más visible, una agenda más ocupada. Cuando no defines una vida rica, terminas financiando la versión que otros exhiben.

## Cinco patrimonios que una cuenta no muestra

El patrimonio neto es una medida útil: activos menos deudas. Pero no es el único patrimonio que determina tu calidad de vida. Una persona puede tener una cifra elevada y vivir con escasez de tiempo, energía, confianza o autonomía.

Para diseñar una riqueza completa, observa al menos cinco patrimonios:

- Patrimonio financiero: ahorro, activos, ingresos, margen, liquidez y capacidad de resistir una crisis.
- Patrimonio temporal: horas que puedes dirigir, descanso disponible y libertad para no vender cada minuto.
- Patrimonio físico: salud, energía, sueño y capacidad de disfrutar aquello que el dinero permite.
- Patrimonio relacional: vínculos de confianza, personas con las que puedes hablar sin representar un papel y redes que no existen solo por conveniencia.
- Patrimonio de autonomía: habilidades, criterio, reputación, opciones profesionales y capacidad de decir no.

Estos patrimonios se relacionan. El dinero puede proteger tiempo; el tiempo puede mejorar salud; la salud permite crear valor; una red confiable abre oportunidades; la autonomía reduce la necesidad de aceptar condiciones destructivas. También pueden entrar en conflicto. Un aumento de ingresos que consume todo tu tiempo quizá eleve un patrimonio mientras vacía otros.

No se trata de alcanzar equilibrio perfecto. Hay etapas en las que una dimensión necesita más esfuerzo. Construir un negocio, cuidar a un familiar o salir de una deuda puede exigir concentración. La pregunta es si esa concentración tiene límites, propósito y fecha de revisión, o si se ha convertido en una forma permanente de vivir.

## El costo completo de una decisión

El precio visible rara vez es el costo completo.

Una vivienda no cuesta solo la cuota o el alquiler. También exige mantenimiento, tributos, coberturas, desplazamientos y tiempo. Un ascenso no paga únicamente más: puede pedir disponibilidad, viajes, tensión y exposición. Un negocio no se mide solo por ingresos: requiere capital, atención, riesgo y años de aprendizaje. Incluso una compra pequeña puede ocupar espacio, generar mantenimiento y convertirse en otra cosa que gestionar.

La mentalidad de abundancia no ignora estos costos. Los incluye para elegir mejor. Preguntar por el costo completo no es pesimismo; es respeto por tus recursos.

Antes de una decisión importante, calcula cuatro precios:

- El precio monetario: cuánto sale hoy y cuánto saldrá después.
- El precio temporal: cuántas horas de trabajo, gestión o recuperación exige.
- El precio emocional: qué nivel de preocupación, conflicto o presión introduce.
- El precio de oportunidad: qué otra posibilidad queda retrasada o descartada.

Una decisión puede seguir siendo correcta después de mirar los cuatro precios. La diferencia es que ya no la compras con una parte de tu vida que habías olvidado contar.

## Suficiente no es conformismo

Algunas personas temen definir suficiente porque creen que perderán ambición. Confunden un límite consciente con una renuncia.

Suficiente no significa que nunca puedas querer más. Significa que sabes cuándo una necesidad está cubierta y puedes distinguir crecimiento de compensación. Puedes seguir construyendo, creando e invirtiendo sin convertir cada nuevo nivel en una prueba de que el anterior no valía nada.

Definir suficiente protege de dos extremos. El primero es la resignación: «Esto es lo que me tocó y no puedo aspirar a más». El segundo es la persecución infinita: «Nada cuenta hasta alcanzar el siguiente nivel». La suficiencia adulta ocupa el espacio entre ambos: agradece lo construido y mantiene capacidad de expansión.

Una definición útil de suficiente tiene varias capas.

- Suficiente para sostener: cubrir lo esencial con estabilidad y dignidad.
- Suficiente para elegir: disponer de margen para cambiar, descansar, aprender o rechazar condiciones.
- Suficiente para expandir: invertir en oportunidades, experiencias, creación y contribución.

Estas capas cambian con la etapa de vida. La cifra no tiene que ser eterna. Lo importante es que sea tuya, esté conectada con decisiones reales y pueda revisarse sin convertir la comparación en brújula.

## El lujo que no necesita testigos

Hay lujos que pierden valor si nadie los ve, y otros que aumentan precisamente porque no necesitan ser mostrados.

Dormir sin temer una factura. Poder acompañar a alguien enfermo. Tomar una semana libre sin pedir dinero prestado. Elegir un cliente por afinidad y no solo por urgencia. Vivir cerca de las personas importantes. Tener una tarde sin notificaciones. Comprar calidad cuando reduce problemas y elegir sencillez cuando lo demás solo añade ruido.

Estos lujos rara vez aparecen en una fotografía. Sin embargo, suelen ser los primeros que las personas echan de menos cuando construyen ingresos a costa de toda su capacidad de disfrutarlos.

La pregunta no es si debes rechazar los objetos, la comodidad o el placer visible. Es si los estás eligiendo o utilizando para cubrir una carencia que volverá a aparecer después de la compra.

## Práctica: diseña tu vida rica en tres niveles

Divide una página en tres columnas: sostener, elegir y expandir.

En la primera escribe qué necesita tu vida para sentirse estable: vivienda, alimentación, salud, transporte, responsabilidades, reserva y descanso mínimo. Evita utilizar cifras aspiracionales; describe la base real.

En la segunda escribe qué opciones deseas comprar: capacidad de cambiar de trabajo, reducir jornada, cuidar a alguien, estudiar, viajar, emprender o vivir en otro lugar. Añade el tiempo y el margen necesarios.

En la tercera escribe qué deseas crear cuando la base y las opciones estén protegidas: patrimonio, empresa, proyectos, generosidad, experiencias, educación, legado o exploración.

Después responde:

- ¿Qué parte de mi vida rica ya existe y no estoy reconociendo?
- ¿Qué gasto financia una imagen que no deseo mantener?
- ¿Qué patrimonio, además del financiero, necesita atención este año?
- ¿Cuál es la siguiente cifra concreta que ampliaría mis opciones?

**Pregunta:** Si nadie pudiera ver mis decisiones, ¿qué forma de riqueza elegiría construir primero?

## IDEA CLAVE

*La riqueza no empieza cuando alcanzas una cifra. Empieza cuando una cifra recibe una función.*

*Definir una vida rica no reduce tus posibilidades. Evita que utilices años, energía y dinero para perseguir objetivos que nunca elegiste conscientemente.*

*Crecer tiene sentido cuando sabes qué deseas sostener, qué opciones quieres ampliar y qué parte de tu vida no estás dispuesto a sacrificar sin límite.*

# 10. El dinero en la vida real

*Cinco historias de cambio sin soluciones mágicas*

*Nota editorial: los casos de este capítulo son composiciones ficticias creadas a partir de patrones frecuentes. Sus nombres, cifras y circunstancias no corresponden a una persona identificable.*

*Los principios financieros parecen ordenados en una página. La vida no.*

Las personas llegan a una decisión con años de hábitos, responsabilidades, miedo, lealtades y circunstancias que no pueden reducirse a una fórmula. Por eso las historias siguientes no presentan transformaciones perfectas. Son situaciones creadas a partir de patrones frecuentes para mostrar cómo el método INFINITO puede convertirse en decisiones concretas.

Ninguna de estas personas resolvió todo de una vez. Cambiaron la dirección antes de cambiar por completo el resultado.

## Marta: un buen sueldo sin margen

Marta tenía treinta y ocho años, un puesto estable y unos ingresos que, vistos desde fuera, deberían haberle permitido ahorrar. Cada aumento había traído una mejora visible: una vivienda mejor, más servicios, comidas frecuentes fuera de casa y compras que recompensaban semanas de mucho trabajo.

No vivía de forma extravagante. El problema era que casi todo se había convertido en gasto fijo. Cuando recibió una factura médica inesperada, utilizó la tarjeta y se sorprendió al descubrir que no podía cubrirla sin financiarla. Sintió vergüenza. «Gano demasiado para estar así», pensó.

Durante años había llamado comodidad a una estructura sin margen. También había utilizado el gasto como prueba de que el esfuerzo valía la pena. Reducirlo le parecía retroceder, como si una vida menos costosa negara todo lo conseguido.

Su primer cambio no fue cancelar todo. Fue calcular el costo base y separar tres categorías: lo que sostenía su vida, lo que realmente disfrutaba y lo que mantenía por inercia. Descubrió suscripciones duplicadas, un vehículo elegido para una etapa profesional anterior y una vivienda cuyo costo le impedía comprar la tranquilidad que decía desear.

Marta no se mudó al día siguiente. Estableció un plazo de nueve meses. Negoció una mejora salarial basada en resultados, dejó de destinar cada aumento al presente y automatizó una transferencia el día de cobro. Vendió el vehículo y eligió uno más sencillo cuando comprendió que la diferencia financiaba varios meses de reserva.

El cambio más importante fue de identidad. Dejó de pensar «una persona exitosa no reduce su nivel» y empezó a decir «una persona libre elige qué costos merece mantener». Un año después no era millonaria. Tenía menos presión, una reserva creciente y la capacidad de considerar un cambio profesional sin convertirlo en emergencia.

La lección de Marta no es que debas gastar menos en todo. Es que un ingreso alto sin margen puede producir una versión elegante de la fragilidad.

## Daniel: trabajar mucho y cobrar poco

Daniel era diseñador independiente. Tenía clientes, recomendaciones y semanas llenas, pero sus ingresos eran irregulares. Aceptaba casi cualquier proyecto porque temía que el siguiente mes llegara vacío. Cuando un cliente preguntaba por el precio, ofrecía un descuento antes de recibir una objeción.

Su narrativa era conocida: «Hay demasiada competencia». También creía que cobrar más exigiría convertirse en alguien agresivo. Prefería ser considerado accesible, aunque esa accesibilidad se pagara con noches de trabajo y resentimiento.

El primer paso fue medir. Durante seis semanas registró horas de ejecución, reuniones, correcciones, administración y búsqueda de clientes. Descubrió que algunos proyectos rentables en apariencia pagaban menos que un empleo básico cuando incluía todo el tiempo invisible.

Después creó tres niveles de servicio con alcance, número de revisiones, plazos y precio claros. El nivel básico no era barato; era limitado. El nivel superior incluía estrategia y prioridad. Dejó de justificar cada cifra y comenzó a preguntar qué resultado necesitaba el cliente.

La primera vez que envió la nueva propuesta sintió que estaba cometiendo una falta. El cliente eligió el nivel intermedio sin negociar. Otro rechazó. Antes,

Daniel habría interpretado la negativa como prueba de que cobraba demasiado. Esta vez calculó cuántos proyectos mal pagados habría necesitado para sustituir uno adecuado y sostuvo el límite.

También construyó una reserva específica para la irregularidad. Cada mes fuerte dejó de parecer dinero disponible para gastar. Una parte pertenecía a los meses débiles, otra a impuestos y otra al futuro. El ingreso seguía variando, pero la experiencia emocional dejó de variar con la misma violencia.

Daniel no aumentó sus ingresos por repetir una afirmación. Los aumentó al comprender su costo, explicar su valor, diseñar una oferta y comprar tiempo para no aceptar desde el pánico.

## Elena y Marcos: dos historias bajo el mismo techo

Elena creció en una familia donde cada gasto debía justificarse. Guardaba recibos, comparaba precios y necesitaba consultar antes de cualquier compra relevante. Marcos creció viendo deudas, pero también una generosidad inmediata: si había dinero, se disfrutaba; si faltaba, ya se resolvería.

Cuando empezaron a vivir juntos, ambos creían estar defendiendo la sensatez. Elena interpretaba la espontaneidad de Marcos como irresponsabilidad. Marcos sentía que cada pregunta de Elena era una acusación. Evitaban hablar hasta que una compra o una factura encendía la discusión.

Intentaron solucionar el problema con una cuenta común, pero el sistema no podía reparar una conversación inexistente. Elena revisaba movimientos en secreto. Marcos ocultaba compras pequeñas para evitar tensión. Ninguno robaba; ambos se protegían.

La transformación comenzó cuando dejaron de discutir sobre quién tenía razón y contaron qué significaba el dinero en sus familias. Elena no buscaba control por placer: asociaba una cuenta vacía con pérdida de seguridad. Marcos no despreciaba el futuro: asociaba el gasto compartido con afecto y temía una vida pospuesta para siempre.

Crearon cuatro acuerdos. Primero, una cifra común para gastos esenciales y objetivos. Segundo, una cantidad individual que cada persona podía utilizar sin pedir permiso. Tercero, una reunión mensual con duración limitada y sin revisar movimientos durante una discusión. Cuarto, una regla para compras grandes: esperar cuarenta y ocho horas y explicar qué valor aportaban, no defender la personalidad de quien las deseaba.

Elena aceptó que seguridad no significaba supervisión total. Marcos aceptó que libertad no significaba trasladar incertidumbre a la otra persona. La cuenta dejó de ser un tribunal y se convirtió en un proyecto.

No desaparecieron todas las diferencias. Aprendieron a hablar antes de que la diferencia se transformara en secreto. Esa fue su forma de riqueza: una estructura que protegía autonomía y confianza al mismo tiempo.

## Rosa: ayudar a todos hasta desaparecer

Rosa era la primera persona de su familia con ingresos estables. Cuando alguien necesitaba dinero para una factura, una reparación o un mes difícil, la llamaban. Ella ayudaba porque recordaba lo que era necesitar y no encontrar a nadie.

Con el tiempo, la ayuda dejó de ser una elección y se convirtió en una expectativa. Rosa financiaba emergencias ajenas mientras posponía su propia reserva. Si intentaba decir no, escuchaba frases como «tú sí puedes» o «la familia está para esto». La culpa aparecía antes de revisar si realmente podía.

Su problema no era la generosidad. Era una generosidad sin presupuesto, límites ni distinción entre emergencia y repetición. Cada transferencia resolvía el día y mantenía intacto el patrón que produciría la siguiente llamada.

Rosa creó un fondo anual de ayuda con una cantidad definida. Cuando se agotaba, no utilizaba crédito ni retiraba inversiones. También separó tres formas de apoyar: regalo, préstamo formal y ayuda no monetaria. Si era un préstamo, quedaban por escrito la cantidad, las fechas y qué ocurriría si no podía pagarse. Si sabía que exigir el reembolso destruiría la relación, lo trataba como regalo y decidía desde ahí.

La primera negativa fue dolorosa. Ofreció acompañar a la persona para renegociar una factura, pero no entregó dinero. Durante días se sintió egoísta. Después observó algo importante: la culpa no demostraba que hubiera actuado mal; demostraba que estaba rompiendo una regla antigua.

Rosa siguió ayudando. La diferencia fue que dejó de financiar la imagen de ser indispensable. Protegió su reserva, mantuvo una cantidad para generosidad y empezó a enseñar a otros algunas herramientas que ella había aprendido.

La abundancia no exige cerrar la mano. Exige que la mano que ofrece no tenga que destruirse para seguir abierta.

## Javier: empezar tarde sin convertir el retraso en condena

Javier tenía cincuenta y dos años cuando calculó por primera vez su patrimonio neto. Había trabajado durante décadas, criado a dos hijos y atravesado un divorcio. La cifra era mucho menor de lo que imaginaba. Su reacción inicial fue una mezcla de miedo y vergüenza: «Ya es demasiado tarde».

Esa frase parecía una conclusión, pero funcionaba como permiso para no empezar. Si el resultado perfecto ya era imposible, cualquier acción modesta parecía inútil.

Javier necesitó cambiar la pregunta. No podía recuperar treinta años, pero sí decidir qué harían los próximos quince. Calculó su costo base, revisó deudas, derechos o prestaciones de retiro y capacidad de ahorro. Descubrió que mantener una vivienda demasiado grande absorbía una parte importante de sus ingresos y energía.

No tomó decisiones precipitadas. Durante un año preparó una mudanza, vendió objetos que ya no utilizaba y redujo gastos fijos. Aumentó sus aportaciones gradualmente y eligió una estrategia diversificada acorde con su horizonte y tolerancia al riesgo, después de buscar orientación profesional.

También invirtió en una habilidad que podía ofrecer durante más años sin depender de esfuerzo físico. Los ingresos adicionales no eran espectaculares, pero ampliaban margen y reducían el miedo a una única fecha de retiro.

Javier dejó de compararse con alguien que había empezado a los veinticinco. Su referencia pasó a ser la vida que tendría si no cambiaba nada. Cada aportación era pequeña frente al pasado perdido y enorme frente al futuro abandonado.

Empezar tarde cambia las matemáticas. No elimina el valor de empezar. La riqueza también consiste en reducir fragilidad, ordenar documentos, proteger ingresos y construir opciones aunque el tiempo no sea el ideal.

## Lo que cambia en todas las historias

Marta, Daniel, Elena, Marcos, Rosa y Javier no compartían ingresos, edad ni problemas. Compartían algo más profundo: una interpretación antigua dirigía decisiones presentes.

El cambio siguió una secuencia parecida:

- Miraron cifras que antes evitaban.
- Nombraron la historia que convertía un hábito en identidad.
- Crearon margen antes de exigir decisiones perfectas.
- Sustituyeron promesas generales por reglas observables.
- Aceptaron que una negativa, una reducción o un comienzo modesto no era una humillación.

Ninguna historia termina con «y nunca volvió a tener miedo». El objetivo no es eliminar toda emoción difícil. Es construir una estructura que permita decidir incluso cuando la emoción aparece.

## Práctica: escribe tu caso como si fueras tu propio asesor

Describe tu situación en tercera persona. Utiliza tu nombre o uno ficticio. Escribe solo hechos durante el primer párrafo: ingresos, gastos, deudas, responsabilidades, hábitos y decisiones recientes.

En el segundo párrafo escribe la interpretación: qué cree esa persona sobre el dinero, qué teme, qué intenta demostrar y qué conversación evita.

En el tercero responde:

- ¿Qué principio de INFINITO necesita primero?
- ¿Qué decisión compraría más margen?
- ¿Qué regla sencilla reduciría el problema durante los próximos noventa días?
- ¿Qué resultado sería progreso real, aunque todavía no fuera la solución completa?

**Pregunta:** ¿Qué consejo daría con compasión a otra persona en mi misma situación y por qué me cuesta aplicarlo a mí?

## IDEA CLAVE

*La transformación financiera no necesita parecer extraordinaria para cambiar una vida.*

*A menudo empieza con una cifra vista, una conversación realizada, un límite sostenido o una transferencia automatizada. La decisión puede ser pequeña; lo decisivo es que contradiga el patrón que mantenía todo igual.*

# 11. Los años que no salen como esperabas

*Construir una riqueza capaz de resistir*

*Todo plan financiero contiene una suposición silenciosa: que la vida permitirá ejecutarlo.*

Pero llegan pérdidas de empleo, enfermedades, separaciones, cuidados familiares, mercados difíciles, negocios que no funcionan, inflación, migraciones y decisiones que habrías tomado de otra manera. Una estrategia que solo funciona cuando nada importante se rompe no es una estrategia completa.

La riqueza resistente no promete evitar toda caída. Busca impedir que una caída temporal destruya de forma permanente tu capacidad de reconstruir.

## El plan se encuentra con la realidad

Cuando algo cambia de forma brusca, la mente intenta recuperar control tomando muchas decisiones a la vez. Cancelar, vender, pedir prestado, aceptar la primera oferta, retirar inversiones, ocultar información o perseguir una oportunidad que promete recuperar rápido lo perdido.

La urgencia reduce el horizonte. Una persona que antes pensaba en años empieza a pensar en horas. No es debilidad; es una respuesta humana. Precisamente por eso parte de la protección debe diseñarse antes de la crisis.

Un plan de resistencia no adivina qué ocurrirá. Define qué decisiones no quieres improvisar cuando ocurra algo difícil.

## Tres capas de resistencia

La primera capa es liquidez: recursos disponibles para pagar lo esencial sin vender activos en el peor momento ni depender de crédito inmediato. La cantidad adecuada depende de estabilidad laboral, responsabilidades, salud, seguros y acceso a apoyo. No existe una cifra universal.

La segunda capa es flexibilidad: gastos que pueden reducirse, contratos que no te atrapan, habilidades transferibles, fuentes de ingreso que no dependen exactamente del mismo riesgo y decisiones de estilo de vida que no exigen un nivel perfecto de ingresos.

La tercera capa es capacidad: salud, conocimiento, reputación, relaciones y claridad emocional para actuar. Una persona puede perder ingresos sin perder toda su capacidad de generar valor. Proteger esa capacidad es tan importante como proteger una cuenta.

Estas capas se refuerzan. La liquidez compra tiempo. El tiempo permite utilizar habilidades y relaciones sin aceptar la primera salida. La capacidad ayuda a reconstruir la liquidez.

## La secuencia de una crisis

Cuando el impacto llega, el orden de las acciones importa.

### 1. Detén la pérdida adicional

Cancela o pausa lo que agrava la situación. Evita nuevas deudas de consumo, compromisos irreversibles y decisiones motivadas por el deseo de recuperar rápido. Si existe riesgo legal, médico o de seguridad, busca ayuda profesional prioritaria.

### 2. Compra tiempo

Calcula el costo base de las próximas semanas. Contacta antes de incumplir pagos, pregunta por opciones y utiliza la reserva para su función: permitir una respuesta menos desesperada. El dinero reservado para emergencias no ha fracasado cuando se utiliza; ha cumplido su trabajo.

### 3. Protege la capacidad de reconstruir

No elimines automáticamente todo gasto relacionado con salud, búsqueda de empleo, formación esencial, herramientas de trabajo o cuidado que permite seguir generando ingresos. Reducir sin estrategia puede ahorrar hoy y bloquear mañana.

### 4. Comunica con claridad

Ocultar la situación suele aumentar costos y deteriorar confianza. Habla con las personas afectadas, distingue hechos de temores y acuerda qué decisiones requieren consenso. No necesitas contar tu vida a todos; sí evitar que quienes comparten responsabilidades descubran el problema demasiado tarde.

### 5. Reconstruye por etapas

Primero estabilidad mínima. Después reserva. Luego deuda, inversión y expansión según la situación. Intentar recuperar todos los objetivos al mismo tiempo puede recrear la fragilidad que la crisis reveló.

## No tomes decisiones permanentes desde un miedo temporal

Una crisis puede exigir decisiones grandes. La regla no es esperar siempre. Es distinguir lo urgente de lo irreversible.

Antes de vender un activo, abandonar una actividad, aceptar una deuda o comprometer ahorros a una solución rápida, pregunta qué información falta y qué ocurriría si esperas veinticuatro o setenta y dos horas. Algunas decisiones no permiten espera; muchas sí.

Las estafas y oportunidades abusivas prosperan en el espacio entre el dolor y la prisa. Prometen recuperar lo perdido, ofrecen exclusividad, impiden verificar y convierten la duda en señal de cobardía. La riqueza resistente protege el derecho a preguntar.

## La vergüenza encarece la crisis

Cuando un problema financiero se interpreta como fracaso moral, la persona retrasa pedir ayuda, abre menos correos, evita llamadas y toma decisiones para parecer estable en lugar de volverse estable.

La responsabilidad no necesita humillación. Puedes reconocer un error sin utilizarlo como identidad. Puedes lamentar una decisión y, al mismo tiempo, estudiar qué información, presión o necesidad emocional estuvo presente.

Hablar con alguien confiable, un profesional adecuado o la persona con la que compartes obligaciones puede reducir el aislamiento que vuelve todo más grande. La claridad no garantiza una solución sencilla, pero evita pagar el costo adicional del secreto.

## Reconstruir no es volver al punto exacto

Después de una pérdida, muchas personas quieren regresar cuanto antes a la cifra anterior. Esa meta puede motivar, pero también impedir aprender.

Quizá la estructura anterior dependía de un único ingreso, gastos fijos altos, ausencia de seguros, concentración excesiva o una relación que no podía hablar de dinero. Reconstruir de forma idéntica puede restaurar la misma vulnerabilidad.

La pregunta no es solo «¿cómo recupero lo perdido?». También es «¿qué debe ser diferente para que lo próximo sea más resistente?». A veces la nueva vida será más pequeña en una dimensión y más libre en otra. La recuperación no siempre devuelve el mismo mapa; puede construir uno mejor.

## Práctica: tu plan de continuidad personal

Escribe una página con cuatro escenarios: pérdida temporal de ingresos, gasto médico o familiar importante, caída de un activo relevante y necesidad de mudanza o cambio laboral.

Para cada escenario responde:

- ¿Qué gastos protegería durante los primeros treinta días?
- ¿Qué gastos podría pausar sin dañar mi capacidad futura?
- ¿A quién tendría que informar o pedir orientación?
- ¿Qué recursos líquidos y seguros existen hoy?
- ¿Qué habilidad, contacto o activo podría ayudar a reconstruir ingresos?
- ¿Qué decisión me prohíbo tomar bajo presión sin una segunda opinión?

No necesitas anticipar cada detalle. El objetivo es crear una primera ruta para que el miedo no tenga que inventarla desde cero.

**Pregunta:** ¿Qué parte de mi vida financiera parece fuerte mientras todo funciona, pero se volvería frágil si una sola condición cambiara?

### IDEA CLAVE

*La riqueza no se mide únicamente por cuánto puede crecer. También por cuánto puede soportar sin obligarte a destruir el futuro para salvar el presente.*

*La reserva, la flexibilidad y la capacidad no eliminan la incertidumbre. Te permiten atravesarla con más opciones, menos prisa y una mayor posibilidad de reconstruir.*

# 12. Tu sistema anual de riqueza

*Convertir intenciones en un ciclo que se repite*

*Una meta puede inspirar durante una tarde. Un sistema debe seguir funcionando cuando la inspiración desaparece.*

El dinero se mueve todos los días, pero muchas decisiones importantes se repiten en ciclos: obligaciones tributarias, renovaciones, aumentos salariales, coberturas, objetivos, revisiones y cambios de etapa. Si cada una llega como sorpresa, tu vida financiera permanece en reacción aunque conozcas muchos conceptos.

Un sistema anual no intenta controlar cada mes. Crea momentos concretos para mirar, decidir y corregir antes de que un desvío se convierta en destino.

## Elige una prioridad que pueda sobrevivir al año

Es fácil empezar enero con seis objetivos: eliminar deuda, invertir más, crear un negocio, viajar, cambiar de casa y construir una reserva. Cada uno puede ser valioso. Juntos compiten por el mismo margen.

Elige una prioridad financiera principal para los próximos doce meses. No significa ignorar todo lo demás. Significa que, cuando dos objetivos compitan, sabrás cuál recibe primero dinero, tiempo y atención.

Una buena prioridad puede expresarse en una frase: «Este año construiremos seis meses de reserva», «Este año eliminaremos la deuda más costosa», «Este año aumentaremos nuestra capacidad de ingreso» o «Este año ordenaremos protección y documentos».

La prioridad debe incluir una medida y una razón. La cifra indica avance. La razón recuerda por qué importa cuando aparece una tentación más inmediata.

## Cuatro estaciones financieras

Puedes dividir el año en cuatro etapas de aproximadamente tres meses. No tienen que coincidir con el calendario. Cada etapa cumple una función.

### Primera estación: estabilizar

Revisa flujo, pagos, deuda, reserva y obligaciones. Corrige fugas, automatiza lo esencial y crea una base que reduzca sorpresas. Esta etapa es menos visible, pero permite que las demás no dependan del caos.

### Segunda estación: expandir

Trabaja en ingresos, habilidades, negociación, oferta profesional o una fuente adicional. Define una acción semanal que produzca evidencia: enviar propuestas, pedir una revisión, publicar trabajo, completar formación o contactar personas relevantes.

### Tercera estación: multiplicar

Revisa aportaciones, costos, diversificación y horizonte. Aumenta gradualmente la cantidad destinada al futuro cuando el margen lo permita. No conviertas esta etapa en persecución de rentabilidad; conviértela en consistencia.

### Cuarta estación: proteger y disfrutar

Actualiza coberturas, personas designadas, documentos, seguridad digital y planes familiares según la normativa de tu país. También decide qué parte de lo construido se utilizará para descanso, experiencias, generosidad o celebración. Un sistema que solo acumula termina perdiendo sentido.

Las estaciones pueden cambiar de orden según tu situación. Una crisis puede devolver el año a estabilizar. Un aumento inesperado puede adelantar multiplicar. El sistema no es una prueba; es una forma de reconocer qué función necesita atención.

## Un tablero con pocas cifras

Medir todo puede convertirse en otra forma de no decidir. Elige un tablero breve que puedas revisar cada trimestre.

- Patrimonio neto aproximado.
- Meses de reserva o liquidez.
- Margen mensual promedio.

- Deuda total y costo de la deuda.
- Aportación mensual al futuro.
- Progreso de la prioridad anual.

Puedes añadir una medida no financiera: horas libres, días de descanso, nivel de energía o tiempo dedicado a personas importantes. Así evitas mejorar el tablero mientras deterioras la vida que debería representar.

Las cifras no tienen que moverse todas en la dirección perfecta cada trimestre. Pregunta qué explica el cambio y si la dirección general sigue siendo coherente.

## El calendario que evita decisiones tardías

Crea recordatorios anuales para lo que suele aparecer de repente:

- Fechas fiscales y documentación necesaria.
- Renovación de seguros, alquileres, préstamos y servicios.
- Revisión salarial o de precios profesionales.
- Mantenimiento de vivienda, vehículo y herramientas de trabajo.
- Revisión de personas designadas, accesos y documentos, cuando corresponda.
- Evaluación de objetivos, patrimonio y definición de suficiente.

Programar una revisión no garantiza que la decisión sea fácil. Evita que la primera vez que pienses en ella sea cuando ya no queda margen para comparar, preguntar o negociar.

## Qué hacer con aumentos e ingresos extraordinarios

Un aumento, una prima, una venta, una devolución o una herencia pueden acelerar objetivos. También pueden desaparecer sin dejar una mejora duradera si cada cantidad extraordinaria se interpreta como permiso para elevar todos los gastos.

Define antes una regla provisional. Por ejemplo: una parte para protección, una parte para futuro, una parte para un objetivo concreto y una parte para disfrutar. Los porcentajes dependen de tu situación. Lo importante es decidir antes de que la emoción asigne todo al presente.

Los ingresos extraordinarios no deben utilizarse automáticamente para asumir compromisos permanentes. Una cantidad única puede pagar una experiencia o reducir deuda; no siempre puede sostener una cuota que continuará durante años.

## La reunión anual contigo mismo

Reserva entre dos y cuatro horas una vez al año. Si compartes finanzas, realiza una parte individual y otra conjunta.

Revisa las respuestas a estas preguntas:

- ¿Qué decisión produjo más libertad este año?
- ¿Qué costo aumentó sin aportar valor equivalente?
- ¿Qué fuente de ingreso se volvió más fuerte o más frágil?
- ¿Qué riesgo importante sigue sin protección?
- ¿Qué aprendí sobre mi forma de reaccionar al dinero?
- ¿Qué parte de mi vida rica fue pospuesta demasiado tiempo?
- ¿Cuál será la prioridad principal del próximo ciclo?

Termina escribiendo tres decisiones: una que continuarás, una que dejarás y una que empezarás. La revisión solo produce valor cuando cambia el calendario, la transferencia o la conversación siguiente.

## Práctica: crea tu mapa de doce meses

En una sola página escribe tu prioridad anual, la cifra inicial, la cifra objetivo y la razón. Divide después el año en cuatro estaciones y asigna una función a cada una.

Añade:

- Una acción semanal que mantenga contacto con la realidad financiera.
- Una revisión mensual de flujo y objetivos.
- Una reunión trimestral con tu tablero.
- Tres fechas administrativas que no quieres volver a improvisar.
- Una experiencia o forma de disfrute que financiarás conscientemente.
- Una regla para cualquier ingreso extraordinario.

Coloca el mapa donde puedas revisarlo. No necesita ser bonito. Necesita poder cambiar una decisión antes de que el año termine.

**Pregunta:** Si solo pudiera mejorar una dimensión financiera durante los próximos doce meses, ¿cuál ampliaría más mis opciones?

## IDEA CLAVE

*La riqueza se construye en ciclos, no en un único esfuerzo heroico.*

*Un sistema anual convierte la claridad en fechas, las prioridades en transferencias y las intenciones en revisiones. No elimina los cambios. Te ayuda a regresar al rumbo sin esperar otro comienzo perfecto.*

# 13. Prosperar sin perderte

*Recibir más sin repetir los mismos patrones*

*Muchas personas se preparan durante años para ganar más y casi nunca se preparan para la persona en la que tendrán que convertirse cuando lo consigan.*

Un aumento importante, la venta de un negocio, una herencia, una prima, un contrato grande o una etapa de ingresos crecientes pueden parecer la solución a todos los problemas anteriores. A veces resuelven muchos. También pueden amplificar hábitos, conflictos y miedos que antes estaban limitados por la falta de recursos.

El dinero nuevo llega a una mente antigua. Si esa mente interpreta cada cantidad como algo que debe gastarse antes de desaparecer, el crecimiento se convierte en consumo. Si asocia prosperidad con culpa, buscará formas de devolver rápidamente la cifra a un nivel conocido. Si necesita demostrar éxito, elevará la visibilidad antes que la seguridad.

Prosperar sin perderte significa permitir que tus recursos cambien sin entregarles el derecho a decidir quién eres, a quién debes rescatar ni qué versión de éxito tienes que representar.

## El cambio para el que nadie se prepara

Cuando faltaba dinero, quizá imaginabas que tener más produciría calma automática. Sin embargo, una cifra mayor puede traer decisiones nuevas: dónde guardarla, cuánto invertir, qué impuestos existen, a quién contarlo, qué riesgos aceptar, cómo responder a las peticiones y qué estilo de vida es sostenible.

La abundancia crea opciones, y las opciones también exigen criterio. Una persona acostumbrada a sobrevivir puede sentirse más cómoda ante una urgencia conocida que ante una posibilidad abierta. En la urgencia sabe qué hacer: trabajar más, recortar, resolver. En la posibilidad tiene que elegir.

Por eso algunas personas gastan rápidamente un ingreso extraordinario. No siempre es ignorancia. A veces es el deseo de transformar una decisión compleja en objetos concretos. Una cuenta grande puede producir incertidumbre; una compra produce una respuesta inmediata, aunque dure poco.

Otras personas hacen lo contrario: no utilizan nada, incluso cuando el dinero podría mejorar salud, tiempo o seguridad. Conservan la mentalidad de escasez dentro de una situación más amplia. El saldo crece, pero la vida permanece detenida.

Recibir más de forma consciente requiere aprender dos movimientos al mismo tiempo: conservar sin miedo y disfrutar sin desorden.

## La identidad tarda en alcanzar la cifra

Tus circunstancias pueden cambiar en un mes. Tu identidad suele necesitar más tiempo.

Una persona que durante años se describió como alguien que vive al día puede seguir actuando de esa manera después de duplicar sus ingresos. Otra que aprendió a no llamar la atención puede minimizar sus logros, cobrar menos de lo que corresponde o evitar oportunidades para no alejarse del grupo al que siente que pertenece.

También puede aparecer la sensación de no merecer. En lugar de decir «tengo miedo a perder esto», la mente formula juicios: «Fue suerte», «en cualquier momento descubrirán que no soy suficiente», «no debería estar mejor que mi familia». Entonces la persona intenta demostrar generosidad, estatus o sacrificio, como si tuviera que pagar una deuda moral por prosperar.

La respuesta no es convencerse de que merece todo. Es construir una identidad capaz de administrar lo que existe. Merecimiento es una palabra emocional; responsabilidad es una práctica observable.

Puedes decirte:

- No necesito gastar para demostrar que el cambio es real.
- No necesito ocultar todo para protegerme de toda reacción posible.
- Puedo aprender antes de decidir.
- Puedo ayudar con límites y disfrutar con intención.
- Una cifra nueva no me obliga a convertirme en una persona distinta de un día para otro.

La identidad alcanza la cifra mediante evidencia: meses de conservar, decisiones verificadas, límites sostenidos y una vida que mejora sin volverse una actuación.

## La pausa de noventa días

Cuando llega una cantidad relevante, el primer impulso suele ser asignarla. La pausa protege de convertir emoción en estructura permanente.

No todas las situaciones permiten esperar. Puede haber deudas costosas, necesidades médicas, obligaciones fiscales o riesgos que requieren atención. Fuera de esas prioridades, una pausa de varias semanas o meses permite que la novedad pierda intensidad y aparezca información.

Durante ese periodo:

- Separa la cantidad de la cuenta utilizada para gastos cotidianos.
- Reserva lo que pueda corresponder a impuestos u obligaciones.
- Evita compromisos permanentes financiados por un ingreso único.
- No prestes, dones ni inviertas bajo presión de otras personas.
- Verifica profesionales, productos, costos y condiciones de forma independiente.
- Escribe qué problema deseas resolver antes de elegir el instrumento.

La pausa no es inacción. Es una fase de protección, educación y diseño. Permite distinguir una oportunidad real de la ansiedad por hacer algo visible.

Una cantidad grande atrae explicaciones seguras. Alguien tendrá una inversión exclusiva, un negocio inevitable, una propiedad perfecta o una necesidad urgente. La velocidad con la que otra persona quiere tu decisión no demuestra la calidad de su propuesta.

## Cuatro destinos para el dinero nuevo

Una forma sencilla de evitar decisiones extremas consiste en reconocer que el dinero puede cumplir varias funciones al mismo tiempo.

### 1. Seguridad

Incluye reserva, deuda costosa, obligaciones tributarias, salud, coberturas y problemas que podrían deshacer años de progreso. La seguridad no suele ser la parte más emocionante, pero compra capacidad de elegir después.

### 2. Futuro

Incluye inversión, previsión para el retiro, educación, patrimonio y objetivos de largo plazo, adaptados a los productos y reglas de tu país.

### 3. Oportunidad

Incluye habilidades, negocio, herramientas, movilidad, una transición profesional o un proyecto con riesgo comprendido. No todo gasto de crecimiento produce resultados; debe tener límites, criterios y una forma de evaluar lo aprendido.

### 4. Disfrute y contribución

Incluye experiencias, descanso, mejoras de vida, regalos y generosidad. Reservar una parte para disfrutar evita que el plan se convierta en castigo y reduce la necesidad de rebelarse después mediante una compra impulsiva.

No existe una distribución universal. Una persona endeudada asignará de forma distinta que otra con protección completa. La estructura sirve para recordar que no tienes que elegir entre conservarlo todo o gastarlo todo.

## El aumento que desaparece dentro del gasto fijo

Un aumento gradual puede ser más peligroso para el margen que una cantidad extraordinaria porque no se percibe como evento. Simplemente empieza a entrar más cada mes.

La adaptación ocurre rápido. Un servicio se vuelve normal, después otro. La vivienda mejora, el transporte cambia y las pequeñas decisiones se convierten en costos que deben pagarse incluso cuando la situación laboral cambia.

Antes de que el aumento llegue a la cuenta, decide qué parte fortalecerá el presente y qué parte pertenecerá al futuro. Puedes automatizar el incremento de ahorro o inversión el mismo día de cobro y utilizar otra parte para mejorar la vida actual.

No es necesario congelar el estilo de vida. El objetivo es evitar que cada mejora de ingresos se convierta por completo en una obligación mensual. El margen debe crecer junto con la comodidad, no desaparecer debajo de ella.

Una pregunta útil es: «¿Esta mejora aumenta mi calidad de vida o solo eleva la cantidad necesaria para sostener mi imagen?». Algunas mejoras merecen el costo. Otras solo vuelven más cara la versión de ti que intentas mostrar.

## Familia, visibilidad y nuevas expectativas

Cuando una persona prospera, no cambia únicamente su cuenta. Puede cambiar el papel que otros esperan que desempeñe.

Aparecen peticiones, proyectos, préstamos y comentarios. Algunas personas celebran. Otras comparan. Otras interpretan el crecimiento como una reserva común a la que deberían tener acceso. Si antes eras quien necesitaba apoyo, quizá sientas obligación de compensar. Si siempre fuiste quien resolvía, la nueva cifra puede ampliar una función que ya era agotadora.

No tienes que anunciar todos tus ingresos ni justificar cada límite. La privacidad financiera no es engaño cuando no oculta obligaciones compartidas. Es una forma de reducir presión, fraude y decisiones tomadas para gestionar expectativas ajenas.

Si deseas ayudar, define una política antes de la solicitud:

- Qué cantidad anual puedes ofrecer sin comprometer tus objetivos.
- Qué situaciones consideras prioritarias.
- Cuándo será regalo, préstamo o ayuda no monetaria.
- Qué información necesitas antes de participar.
- Qué tipo de petición no financiarás.

Una política no elimina la emoción de decir no. Evita que cada petición tenga que decidirse desde cero y que la culpa acceda directamente a tu cuenta.

## Disfrutar sin convertir el placer en culpa

Hay personas capaces de ahorrar durante años que no saben recibir el beneficio de lo construido. Cada compra produce ansiedad; cada descanso parece irresponsable; cada experiencia se compara con lo que podría haber generado invertida.

La prudencia puede convertirse en otra forma de escasez cuando toda utilización del dinero se interpreta como pérdida. El dinero destinado a vivir no ha fracasado por dejar de estar en la cuenta. Ha cumplido una función, siempre que la decisión sea coherente con tus prioridades.

El disfrute consciente necesita un límite y un permiso. Define una cantidad o porcentaje que puedes utilizar sin reabrir el debate después. Elige experiencias y objetos por el valor que aportan, no por la necesidad de probar que ahora puedes pagarlos.

El placer sostenible no requiere ignorar el futuro. Requiere que el futuro deje espacio para una vida que merezca llegar hasta él.

## El miedo a perderlo todo

Cuanto más construyes, más cosas parecen estar en riesgo. Algunas personas responden con vigilancia constante, concentración excesiva en lo conocido o rechazo de cualquier cambio. La riqueza que debía producir libertad termina produciendo una nueva forma de prisión.

No puedes garantizar que nada se pierda. Puedes reducir dependencias, diversificar, asegurar riesgos importantes, mantener liquidez, verificar documentos y evitar comprometer todo el patrimonio a una sola historia.

También puedes definir qué cantidad es suficiente para sostener una vida valiosa. Sin esa definición, cada pérdida potencial amenaza no solo una cifra, sino una identidad basada en seguir creciendo.

El objetivo no es dejar de cuidar el dinero. Es cuidarlo sin dedicarle toda la atención que pretendía liberar.

## Cuando la prosperidad cambia una relación

El dinero no transforma automáticamente a las personas, pero modifica opciones, poder y expectativas.

En una pareja puede aparecer desigualdad de ingresos. Entre amigos, diferencias de presupuesto. En una familia, preguntas sobre ayuda y herencia. En un negocio, nuevas responsabilidades. Fingir que nada ha cambiado no conserva la relación; impide hablar de lo que ya está presente.

La conversación necesita separar igualdad de dignidad. Dos personas pueden aportar cantidades distintas y merecer la misma voz en decisiones compartidas, según los acuerdos que hayan creado. También pueden elegir estilos de vida que permitan participar a personas con presupuestos diferentes sin convertir cada encuentro en comparación.

Algunas relaciones no soportarán tus límites. Eso no significa que debas utilizar el dinero para comprobar quién te quiere. Significa que puedes observar qué vínculos dependen de que ocupes un papel que ya no deseas mantener.

## Práctica: tu protocolo para recibir más

Escribe este protocolo antes del próximo aumento, prima, venta, herencia o mes excepcional. Si el dinero ya llegó, hazlo antes de la siguiente decisión grande.

Completa:

- La cantidad o cambio que considero significativo es: ____________________.
- La primera obligación que debo verificar es: ____________________.
- El periodo durante el que evitaré decisiones irreversibles será: ____________________.
- La parte destinada a seguridad será: ____________________.
- La parte destinada al futuro será: ____________________.
- La parte destinada a oportunidades será: ____________________.
- La parte destinada a disfrutar o contribuir será: ____________________.
- Las tres personas que pueden ofrecer una segunda opinión sin venderme nada son: ____________________.
- La información que mantendré privada es: ____________________.

- La mejora de vida que deseo permitir conscientemente es: ________________________.

Después escribe una frase que recuerde el propósito del dinero nuevo: «Esta cantidad no tiene que demostrar quién soy. Su función es...».

**Pregunta:** ¿Qué patrón antiguo intentaría apropiarse de una cantidad mayor y qué regla puedo crear antes de que ocurra?

### IDEA CLAVE

*Ganar más amplía tu capacidad, pero no elige por ti.*

*La prosperidad sostenible necesita una pausa, una función y límites. Permite que el dinero nuevo compre seguridad, futuro, oportunidad y disfrute sin convertir cada mejora en gasto fijo, deuda moral o prueba de estatus.*

*No tienes que seguir viviendo como si faltara todo. Tampoco necesitas gastar para demostrar que la escasez terminó. Puedes aprender a sostener una vida más amplia sin perderte dentro de ella.*

# Interludio III

## *Cuando mejorar no se siente como progreso*

*Hay etapas en las que haces casi todo bien y, aun así, no sientes que estés avanzando.*

La deuda baja, pero sigue existiendo. La reserva crece, pero todavía no parece suficiente. Tus ingresos mejoran, pero también aumentan responsabilidades. Inviertes durante meses y el resultado visible es pequeño. Has dejado de cometer errores costosos, pero nadie aplaude una compra que no hiciste o una crisis que no ocurrió.

El progreso financiero suele ser silencioso. No tiene la intensidad de una compra, un aumento o una cifra redonda. Se construye mediante decisiones que evitan problemas, crean margen y modifican probabilidades. Precisamente porque no siempre produce una recompensa inmediata, la mente puede descontarlo.

### La mente compara el presente con una meta móvil

Cuando empiezas, tal vez deseas ahorrar mil. Al alcanzarlo, la cifra deja de parecer importante porque ahora piensas en cinco mil. Después serán diez mil, una vivienda, una inversión mayor o una fecha de libertad financiera.

Mover la meta puede ser una señal de crecimiento. El problema aparece cuando utilizas el nuevo objetivo para borrar la distancia ya recorrida. Entonces ninguna mejora cuenta durante más de unos días.

La comparación también cambia. Antes te comparabas con tu situación pasada; después empiezas a observar a personas con más ingresos, más patrimonio o mejores oportunidades. El entorno de referencia se eleva y la sensación interna permanece igual.

Esto no demuestra que el progreso sea falso. Demuestra que la mente se adapta. La adaptación hedónica describe, con matices y diferencias entre experiencias, nuestra tendencia a habituarnos a ciertos cambios positivos o negativos (Frederick y Loewenstein, 1999). Necesitas registrar evidencia antes de que la nueva normalidad la vuelva invisible.

## La línea de base se mueve

Una reserva que antes parecía imposible puede convertirse en una cantidad que no quieres tocar. Un pago que producía ansiedad pasa a estar automatizado. Una conversación que evitabas se vuelve parte de la rutina. La vida mejora y, poco después, esa mejora parece simplemente lo mínimo.

La adaptación tiene una función: permite seguir aprendiendo en lugar de vivir permanentemente sorprendido. Pero también puede producir ingratitud involuntaria. No porque seas una persona desagradecida, sino porque la mente deja de destacar lo que ya espera.

Por eso reconocer progreso no es un ejercicio decorativo. Protege la motivación. Si solo observas lo que falta, cada esfuerzo parece incapaz de cambiar algo. Cuando ves la evidencia acumulada, recuerdas que las decisiones repetidas sí modifican la realidad.

## El patrimonio crece antes de que la cifra impresione

Gran parte de la construcción financiera ocurre en una etapa que parece aburrida.

Aprendes a no aumentar deuda. Creas una reserva pequeña. Automatizas una aportación. Mejoras una habilidad. Reduces un gasto fijo. Ordenas documentos. El resultado inicial puede parecer desproporcionadamente pequeño frente al esfuerzo.

Sin embargo, estás construyendo una infraestructura. La reserva evita intereses futuros. La habilidad puede aumentar ingresos durante años. El gasto reducido libera margen cada mes. El documento actualizado evita una crisis administrativa. La aportación crea un hábito que podrá crecer con tus ingresos.

No todo progreso aparece como dinero acumulado. A veces aparece como una decisión que ya no tomas desde el miedo, una opción que antes no existía o una recuperación más rápida después de un imprevisto.

## Mide dirección, capacidad y recuperación

El saldo importa, pero no puede describir todo. Para observar progreso con más precisión, mide tres dimensiones.

- Dirección: ¿la tendencia general de deuda, reserva, margen e inversión se mueve hacia donde deseas?
- Capacidad: ¿sabes más, puedes negociar mejor, tienes más opciones y dependes menos de una sola condición?
- Recuperación: cuando ocurre un gasto o error, ¿regresas al rumbo más rápido que antes?

Un mes difícil puede reducir una cifra y, al mismo tiempo, demostrar una mayor capacidad. Si utilizaste la reserva en lugar de crédito, hablaste a tiempo, ajustaste el plan y retomaste aportaciones, no regresaste al punto inicial. Atravesaste el problema con una estructura nueva.

## La meseta no siempre es estancamiento

Hay periodos en los que el patrimonio no crece porque el dinero está financiando una transición: cuidado familiar, formación, mudanza, salud, maternidad, paternidad, emprendimiento o recuperación.

La pregunta no es únicamente si la cifra aumentó. Es si el uso de recursos fue deliberado y si la etapa tiene límites. Una pausa consciente puede proteger la dirección de largo plazo. Una pausa sin revisión puede convertirse en abandono.

Define qué significa mantener durante esa etapa. Quizá sea no aumentar deuda, conservar una aportación mínima, proteger seguros o revisar el plan cada mes. Mantener una base en un año difícil es una forma real de progreso.

## Celebrar sin sabotear

Reconocer un avance no obliga a convertirlo en gasto. Puedes celebrar de formas que no deshagan lo construido.

Marca la fecha. Escribe qué decisión produjo el resultado. Comparte el logro con alguien seguro. Elige una experiencia dentro de una cantidad definida. Aumenta una pequeña parte destinada al disfrute. Conserva un símbolo que recuerde el cambio.

La celebración tiene una función psicológica: conecta disciplina con vida. Si cada avance solo produce una nueva exigencia, el sistema se convierte en castigo. Si cada avance se gasta por completo, nunca crea estructura. La abundancia necesita memoria y límites.

## Práctica: el registro de evidencia

Al final de cada mes escribe cinco líneas:

- Una cifra que mejoró o se mantuvo gracias a una decisión consciente.
- Un problema que evitaste o redujiste.
- Una conversación, habilidad o límite que aumentó tu capacidad.
- Una forma en la que utilizaste dinero de acuerdo con tus valores.
- La siguiente decisión pequeña que mantendrá la dirección.

Cada trimestre relee los tres registros anteriores. No busques perfección. Busca pruebas de que ya no respondes exactamente como antes.

**Pregunta:** ¿Qué progreso he convertido en obligación tan rápido que ya no me permito reconocerlo?

---

### IDEA CLAVE

---

*El progreso financiero no siempre se siente como progreso porque la mente se acostumbra a la nueva base y mueve la meta.*

*Registrar dirección, capacidad y recuperación permite ver lo que el saldo no cuenta. Reconocer el camino no reduce la ambición. Evita que la ambición borre toda evidencia de que estás cambiando.*

PARTE VI

# LA REVOLUCIÓN DE TREINTA DÍAS

# 14. Treinta días para reclamar tu parte del infinito

*Comprender cambia la mirada. Repetir cambia la vida.*

*Los próximos treinta días convierten los principios del método INFINITO en acciones pequeñas. No intentes hacerlas todas de una vez. Cada día contiene una tarea principal y una pregunta de reflexión.*

Necesitarás una libreta, acceso a tus cuentas y entre quince y treinta minutos. Algunos días requerirán una conversación o una gestión más larga. Si no puedes completarla, inicia el proceso y fija una fecha.

No busques perfección. Si pierdes un día, continúa con el siguiente o retómalo. El objetivo no es superar una prueba. Es crear evidencia de que puedes dirigir tu dinero.

## Día 1. Mira sin corregir

Abre todas tus cuentas y anota los saldos actuales: cuentas corrientes, ahorro, efectivo, inversiones y deudas. No hagas transferencias ni diseñes un plan todavía.

La primera práctica es tolerar la realidad sin convertirla en juicio. Si aparece ansiedad, nómbrala: «Siento miedo al ver esta cifra». Una emoción observada tiene menos poder que una emoción que actúa en secreto.

**Pregunta:** ¿Qué cifra he evitado y qué imaginaba que significaba sobre mí?

## Día 2. Calcula tu costo base

Suma lo necesario para sostener un mes normal: vivienda, servicios, comida, transporte, salud, seguros, cuotas mínimas y responsabilidades esenciales.

No incluyas una austeridad idealizada ni todos los deseos. Busca una estimación honesta. Esta cifra será la unidad con la que medirás reserva, margen y libertad.

**Pregunta:** ¿Cuántos meses de costo base podría cubrir hoy sin nuevos ingresos?

## Día 3. Encuentra tus frases heredadas

Escribe diez frases sobre dinero que escuchaste al crecer. Después marca cuáles sigues obedeciendo.

Elige una y reescríbela de forma más completa. Por ejemplo, cambia «el dinero solo llega con sacrificio» por «el esfuerzo importa, y también puedo aumentar ingresos mediante habilidades, negociación, sistemas e inversión».

**Pregunta:** ¿Qué narrativa ya no corresponde a la vida que quiero construir?

## Día 4. Elige una identidad puente

Completa: «Estoy convirtiéndome en una persona que...».

La frase debe ser creíble y observable. No «soy infinitamente rico», sino «soy una persona que conserva una parte de lo que gana» o «soy una persona que revisa sus cifras cada semana».

Haz hoy una acción que sirva como prueba.

**Pregunta:** ¿Qué decisión tomaría esta nueva versión de mí durante las próximas veinticuatro horas?

## Día 5. Cancela una fuga

Revisa suscripciones, comisiones, servicios duplicados y cargos que ya no aportan valor. Cancela o renegocia al menos uno.

No importa si la cantidad es pequeña. El objetivo es demostrar que ningún cargo automático tiene derecho permanente sobre tu futuro.

Transfiere el ahorro resultante a una cuenta con propósito.

**Pregunta:** ¿Qué sigo pagando por inercia?

## Día 6. Crea tu primera transferencia automática

Programa una transferencia periódica hacia reserva, deuda o inversión. Elige una cantidad que puedas mantener incluso en un mes imperfecto.

Si tus ingresos son variables, automatiza un porcentaje cada vez que cobres o crea una rutina manual ligada a la fecha de ingreso.

**Pregunta:** ¿Qué objetivo siempre recibe «lo que queda» y cómo puedo hacer que reciba primero?

## Día 7. Celebra una semana de claridad

Revisa lo que hiciste durante los seis días anteriores. No añadas diez metas nuevas. Identifica el cambio con mayor efecto y decide cómo sostenerlo.

Haz una celebración que no sabotee el proceso: paseo, comida preparada en casa, tiempo libre, música, conversación o cualquier experiencia que asocie orden con bienestar.

**Pregunta:** ¿Qué aprendí sobre mí al mirar el dinero con menos juicio?

## Día 8. Haz el inventario de deuda

Anota cada deuda con saldo, costo, cuota, fecha y condiciones. Si desconoces una tasa, búscala. Si una cifra no está clara, solicita información.

Elige una estrategia inicial: priorizar mayor costo, menor saldo o liberar una cuota especialmente pesada.

**Pregunta:** ¿Qué parte de mi deuda provino de una emergencia y qué parte de un patrón que debo rediseñar?

## Día 9. Construye el primer nivel de reserva

Define una primera meta concreta para imprevistos frecuentes. Puede ser una cantidad pequeña si empiezas desde cero.

Abre o identifica una cuenta separada y accesible. Dale un nombre: «calma», «reserva» o «margen». Nombrar el propósito reduce la tentación de utilizarla para otras cosas.

**Pregunta:** ¿Qué emergencia frecuente dejaría de ser crisis si tuviera esta cantidad disponible?

## Día 10. Calcula tu patrimonio neto

Suma activos y resta deudas. El resultado puede ser positivo o negativo. No es una calificación moral; es una fotografía.

Repite este cálculo cada tres o seis meses, no cada día. El patrimonio muestra si una parte de tus ingresos se convierte en propiedad y futuro.

**Pregunta:** ¿Mi estilo de vida visible refleja o contradice mi riqueza real?

## Día 11. Define suficiente

Escribe qué significa «suficiente» en dinero, tiempo, vivienda, salud, ocio, relaciones y contribución.

Incluye una cifra de costo de vida deseado, pero no te limites a ella. Suficiente es una estructura que permite vivir, proteger y disfrutar sin una persecución interminable.

**Pregunta:** ¿Qué seguiría intentando demostrar aunque ya tuviera suficiente?

## Día 12. Observa tus detonantes de gasto

Revisa las últimas compras no esenciales y registra la emoción anterior: cansancio, aburrimiento, comparación, recompensa, miedo a perder una oferta o deseo de pertenecer.

No juzgues la compra. Busca el patrón. Diseña una respuesta alternativa para el detonante más frecuente.

**Pregunta:** ¿Qué emoción intento comprar y qué otra acción podría atenderla mejor?

## Día 13. Practica una pausa

Elige una regla de espera para compras no esenciales: veinticuatro horas, siete días o treinta, según el importe.

Crea una lista de deseos. Muchas compras perderán intensidad; las que permanezcan podrán planificarse sin culpa.

**Pregunta:** ¿Pagaría lo mismo si nadie supiera que lo tengo?

## Día 14. Diseña una semana de gasto alineado

Asigna dinero a lo que valoras durante los próximos siete días. Incluye necesidades, disfrute y futuro.

No intentes gastar lo mínimo. Intenta gastar de una forma que puedas explicar con orgullo y tranquilidad.

**Pregunta:** ¿Qué categoría merece más dinero porque realmente mejora mi vida y cuál merece menos?

## Día 15. Haz inventario de habilidades

Escribe diez cosas que sabes hacer. Pregunta a tres personas qué capacidad valoran en ti. Busca elementos repetidos.

Clasifica las habilidades en producción, distribución y dirección. Identifica cuál falta para aumentar tu ingreso.

**Pregunta:** ¿Qué hago con facilidad que otras personas consideran difícil o valioso?

## Día 16. Elige una habilidad de alto retorno

Selecciona una habilidad para desarrollar durante noventa días. Debe conectarse con una oportunidad real, no solo con curiosidad.

Define una práctica semanal, una fuente de aprendizaje y una prueba visible: proyecto, certificación, caso, demostración o resultado.

**Pregunta:** ¿Qué habilidad aumentaría mis opciones incluso si mi trabajo actual desapareciera?

## Día 17. Traduce tu trabajo a resultados

Haz una lista de resultados que has producido: ingresos generados, costos reducidos, errores evitados, tiempo ahorrado, clientes atendidos, calidad mejorada o proyectos entregados.

Añade cifras cuando existan. Guarda este registro para negociaciones, propuestas y entrevistas.

**Pregunta:** ¿Qué valor creo que nadie conoce porque espero que lo descubran solo?

## Día 18. Investiga tu mercado

Revisa salarios, tarifas, ofertas y necesidades relacionadas con tu capacidad. Habla con personas del sector. No utilices una única fuente.

El objetivo no es compararte de forma obsesiva, sino conocer el contexto en el que negocias.

**Pregunta:** ¿Estoy cobrando o aceptando condiciones basadas en datos actuales o en una decisión antigua?

## Día 19. Formula una oferta pequeña

Crea una propuesta sencilla: para quién, qué problema, qué resultado, qué incluye, plazo y precio.

No diseñes una empresa completa. Busca una conversación real con un posible cliente o usuario. La respuesta del mercado enseña más que semanas de perfeccionismo privado.

**Pregunta:** ¿Qué puedo probar antes de invertir mucho tiempo o dinero?

## Día 20. Ten una conversación de ingresos

Solicita una revisión, presenta una propuesta, pide una recomendación o contacta a un posible cliente. Elige una acción que abra una puerta económica.

Mide el éxito por haber iniciado la conversación con claridad, no solo por obtener un sí.

**Pregunta:** ¿Qué oportunidad he esperado que llegue sin mostrar que estoy disponible?

## Día 21. Define tu regla para ingresos extra

Decide cómo repartirás bonificaciones, ventas adicionales, regalos o proyectos extraordinarios.

Incluye obligaciones fiscales cuando corresponda, protección, crecimiento y una parte de disfrute. Escríbelo antes de recibir el próximo ingreso.

**Pregunta:** ¿Qué ocurre normalmente con el dinero inesperado y qué quiero que ocurra a partir de ahora?

## Día 22. Prepara una negociación

Elige una conversación pendiente. Escribe objetivo, criterios, cifra ideal, mínimo aceptable, punto de retirada y alternativas.

Practica decir la petición sin disculpa. Después guarda silencio durante cinco segundos.

**Pregunta:** ¿Dónde descuento mi valor antes de escuchar una respuesta?

## Día 23. Establece un límite económico

Di no, ajusta un alcance, reclama un pago o define cuánto puedes ayudar. El límite debe ser claro y breve.

No necesitas convencer a la otra persona de que tu límite es razonable. Necesitas comunicarlo.

**Pregunta:** ¿Qué «sí» financiero está produciendo resentimiento o desorden?

## Día 24. Aprende un concepto de inversión

Elige uno: diversificación, costos, volatilidad, interés compuesto, riesgo de crédito, liquidez o inflación. Explícalo por escrito como si hablaras con una persona de quince años.

Si no puedes explicarlo, continúa investigando antes de comprar cualquier producto relacionado.

**Pregunta:** ¿Qué decisión financiera he delegado porque su vocabulario me intimida?

## Día 25. Revisa costos y comisiones

Busca comisiones y costos en cuentas, inversiones, coberturas, créditos y servicios. Calcula el importe anual aproximado y verifica si existen alternativas más simples o económicas.

Pregunta qué valor recibes y si existe una alternativa adecuada más simple o económica.

**Pregunta:** ¿Qué porcentaje pequeño podría convertirse en una pérdida grande con el paso del tiempo?

## Día 26. Escribe tu política de inversión

Define objetivo, horizonte, nivel de reserva, frecuencia de aportación, diversificación, costos aceptables, frecuencia de revisión y reglas ante caídas.

Incluye una prohibición personal, por ejemplo: «No invertiré dinero prestado» o «No compraré por presión de tiempo».

**Pregunta:** ¿Qué necesitará recordar mi yo asustado cuando el mercado se mueva?

### Día 27. Automatiza el futuro

Revisa si puedes aumentar ligeramente una aportación o vincularla a cada aumento de ingresos. Si todavía no inviertes, automatiza ahorro para formación o reserva.

El futuro necesita una línea en tu sistema, no solo un lugar en tu imaginación.

**Pregunta:** ¿Qué cantidad puedo enviar al futuro sin convertir el presente en castigo?

### Día 28. Haz una auditoría de protección

Revisa reserva, coberturas, personas designadas, documentos legales, seguridad digital e inventario de cuentas. Marca qué necesita atención profesional local.

Elige una sola gestión y empieza hoy: solicitar una cotización de cobertura, revisar una persona designada, crear un gestor de contraseñas o pedir una consulta a un profesional cualificado.

**Pregunta:** ¿Qué riesgo podría borrar años de progreso y todavía no he atendido?

### Día 29. Diseña tu legado

Escribe qué deseas transmitir además de dinero: hábitos, educación, oportunidades, documentos claros, generosidad, una empresa, una propiedad o una relación sin secretos.

Elige una conversación o documento que pueda iniciar ese legado ahora.

**Pregunta:** ¿Qué quiero que mi forma de manejar el dinero enseñe a otros?

### Día 30. Escribe tu manifiesto financiero

Relee tus notas. Escribe una página que empiece así:

«A partir de hoy, el dinero en mi vida servirá para...»

Incluye tus valores, límites, reglas, definición de suficiente, objetivos y compromisos. No redactes una pieza perfecta. Redacta una constitución personal a la que puedas regresar.

Firma y pon fecha.

**Pregunta:** ¿Cuál será la primera decisión que demostrará que este manifiesto no es solo una intención?

## Después de los treinta días

El programa termina, pero el sistema continúa.

Mantén cuatro ritmos:

**Semanal:** reunión breve con el dinero.

**Mensual:** revisión de flujo, deuda, ahorro e inversión.

**Trimestral:** patrimonio, objetivos, ingresos y habilidades.

**Anual:** protección, documentos, definición de suficiente y dirección de vida.

La abundancia no se conserva mediante una emoción elevada. Se conserva mediante una relación regular con la realidad.

Treinta días no resolverán todos tus problemas financieros. Pueden, sin embargo, cambiar algo más fundamental: la posición desde la que los enfrentas.

Ya no eres una persona que espera que el dinero deje de ser un problema por sí solo. Eres una persona que mira, decide, aprende, negocia, protege y construye.

Ese es el comienzo de una revolución.

# Cierre

## *El manifiesto del dinero infinito*

*No naciste sabiendo relacionarte con el dinero.*

Aprendiste observando, repitiendo, protegiéndote y adaptándote. Algunas de esas lecciones te trajeron hasta aquí. Otras ya cumplieron su función.

Ahora puedes elegir.

Puedes mirar una cifra sin convertirla en veredicto.

Puedes desear riqueza sin creer que el dinero define tu valor.

Puedes ganar más sin entregar cada hora de tu vida.

Puedes disfrutar hoy sin hipotecar todas las opciones de mañana.

Puedes ayudar sin desaparecer dentro de las necesidades de otros.

Puedes invertir sin prometerte certeza.

Puedes construir suficiente sin renunciar a crecer.

Puedes organizar tus recursos para que, cuando llegue una crisis, no tenga derecho a destruirlo todo.

La abundancia no es una emoción constante. No es negar los límites ni fingir que todas las personas parten del mismo lugar. Es una práctica: mirar la realidad y buscar la siguiente decisión que amplía posibilidades.

A veces esa decisión será ganar más. A veces será gastar menos. A veces será descansar, preguntar, aprender, vender, esperar, invertir, cancelar, proteger o decir no.

No todas las decisiones producen dinero de inmediato. Algunas producen capacidad. La capacidad produce opciones. Y las opciones son una forma profunda de riqueza.

Este es tu manifiesto:

**1. Mi valor humano no sube ni baja con mi saldo.**

Las cifras describen una situación y orientan decisiones. No deciden quién merece respeto.

**2. Miro lo que existe.**

No necesito sentirme preparado para abrir una cuenta, nombrar una deuda o calcular un costo. La claridad es el primer activo.

**3. Conservo una parte de lo que gano.**

El futuro no recibirá únicamente lo que el presente olvide gastar.

**4. Utilizo el dinero de acuerdo con mis valores.**

No gasto para representar una vida que no quiero mantener.

**5. Aumento mi capacidad de crear valor.**

Mis ingresos actuales son una fotografía, no una frontera definitiva.

**6. Cobro, pido y negocio con claridad.**

Una negativa puede cerrar una propuesta; no reduce mi dignidad.

**7. No confundo urgencia con oportunidad.**

Las decisiones importantes pueden soportar preguntas, verificación y tiempo.

**8. Invierto con humildad.**

No necesito adivinar el futuro. Necesito comprender, diversificar, controlar costos y mantener una estrategia.

**9. Dejo que el tiempo trabaje.**

La consistencia modesta puede superar a la intensidad breve.

**10. Protejo lo que construyo.**

Reserva, documentos, seguros, seguridad y orden forman parte de la riqueza.

**11. Defino suficiente.**

No permitiré que cada objetivo alcanzado se convierta automáticamente en una nueva prueba de insuficiencia.

**12. Convierto el dinero en libertad y contribución.**

La riqueza tiene sentido cuando amplía la vida, cuida lo esencial y permite compartir sin destruirme.

Reclamar tu parte del infinito no significa exigir que el mundo te entregue todo. Significa dejar de renunciar, por miedo o desconocimiento, a la parte que puedes construir.

Nadie puede prometerte un camino sin pérdidas, desigualdad, errores o cambios. Pero puedes elegir una relación con el dinero que no se base en huir.

**MIRA.**

**ORDENA.**

**CREA.**

**COBRA.**

**CONSERVA.**

**INVIERTE.**

**PROTEGE.**

**COMPARTE.**

Y cuando vuelvas a sentir que nunca será suficiente, regresa a la pregunta que abrió estas páginas:

**¿Qué puedo ver, aprender, crear, ordenar o decidir desde aquí?**

*Ahí empieza tu próxima posibilidad.*

**Ahí empieza tu parte del infinito.**

# Herramientas prácticas

## 1. Reunión semanal con el dinero

Duración recomendada: veinte minutos.

**Fecha:** ____________________

**Saldo disponible:** ____________________

**Pagos de los próximos siete días:**

---

**Gastos recientes que requieren atención:**

---

**Avance de esta semana:**

- Reserva: ____________________
- Deuda: ____________________
- Inversión: ____________________
- Objetivo específico: ____________________

**Una decisión para la próxima semana:**

---

**Una cosa que hice bien:**

---

## 2. Mapa financiero de una página

### Entradas

- Ingreso estable neto: ____________________
- Promedio conservador de ingreso variable: ____________________
- Otros ingresos: ____________________
- **Total:** ____________________

### Costo base

- Vivienda: ____________________

- Servicios: ____________________
- Alimentación: ____________________
- Transporte: ____________________
- Salud y seguros: ____________________
- Responsabilidades familiares: ____________________
- Pagos mínimos de deuda: ____________________
- Otros esenciales: ____________________
- **Total costo base:** ____________________

## Protección y crecimiento

- Reserva actual: ____________________
- Ahorro mensual: ____________________
- Inversión mensual: ____________________
- Deuda total: ____________________
- Cuotas totales: ____________________

## Margen

**Ingresos menos gastos, cuotas y aportaciones:** ____________________

## Próxima acción

# 3. Plan financiero de noventa días

## Objetivo principal

Debe ser específico y medible.

## Por qué importa

## Tres resultados

1. ____________________________________________
2. ____________________________________________
3. ____________________________________________

## Acciones semanales

1. ____________________________________________
2. ____________________________________________
3. ____________________________________________

## Obstáculo más probable

## Respuesta anticipada

## Fecha de revisión

## 4. Doce preguntas antes de una compra importante

1. ¿Qué problema resuelve?
2. ¿Qué emoción está presente ahora?
3. ¿La querría si nadie supiera que la tengo?
4. ¿Cuál es el costo total, incluido mantenimiento y financiación?

5. ¿Cuántas horas de trabajo netas representa?
6. ¿Qué objetivo retrasará?
7. ¿Existe una versión más simple, usada, alquilada o temporal?
8. ¿Puedo esperar siete días?
9. ¿Cómo cambiará mis gastos fijos?
10. ¿Qué ocurriría si mis ingresos bajaran?
11. ¿Cómo sabré dentro de un año que valió la pena?
12. ¿Estoy eligiendo o reaccionando?

## 5. Guía para una conversación financiera en pareja

Completen por separado y después comparen respuestas.

- Para mí, seguridad financiera significa...
- El gasto que más ansiedad me produce es...
- La forma en que vi manejar dinero en mi familia fue...
- Una meta que quiero construir juntos es...
- Una cantidad que cada persona puede decidir sin consultar sería...
- Cuando ayudamos a terceros, el límite debería ser...
- Si uno pierde ingresos, nuestro plan será...
- La frecuencia con la que revisaremos nuestras finanzas será...
- Una cosa que necesito para sentir autonomía es...

---

- Una cosa que necesito para sentir confianza es...

---

## 6. Revisión trimestral del método INFINITO

Reserva entre cuarenta y cinco y sesenta minutos. Responde por escrito sin intentar producir una evaluación perfecta. El objetivo es observar qué cambió, qué necesita atención y cuál será la siguiente decisión concreta.

### I — Identidad financiera

¿Qué comportamiento de los últimos tres meses demuestra que ya no soy exactamente la misma persona con el dinero?

### N — Narrativas heredadas

¿Qué frase antigua apareció con más frecuencia y qué respuesta nueva quiero practicar?

### F — Flujo consciente

¿Qué entrada o salida de dinero necesita mayor claridad durante el próximo trimestre?

### I — Ingresos expansivos

¿Qué habilidad, propuesta, conversación o acción puede aumentar mi capacidad de generar valor?

### N — Negociación y límites

¿Dónde acepté una condición que ya no deseo repetir y qué límite formularé la próxima vez?

## I — Inversión consciente

¿Mi estrategia sigue siendo comprensible, diversificada y coherente con mi horizonte, o estoy reaccionando al ruido?

## T — Tiempo compuesto

¿Qué hábito pequeño merece continuar aunque todavía no produzca un resultado espectacular?

## O — Orden, protección y legado

¿Qué documento, riesgo, beneficiario, seguro o conversación necesito revisar antes del próximo trimestre?

Mi prioridad para los próximos noventa días es:

La primera acción y su fecha son:

## 7. Carta a tu yo financiero de dentro de un año

Escribe esta carta después de completar la revisión trimestral o el programa de treinta días. Pon una fecha de apertura dentro de doce meses y guárdala en un lugar al que puedas regresar.

Puedes empezar así:

«Hoy mi situación financiera es...»

Describe cifras, pero también emociones, decisiones y circunstancias. No adornes el punto de partida.

«Durante los próximos doce meses quiero proteger...»

Nombra lo que no deseas sacrificar mientras creces: salud, tiempo, relaciones, estabilidad, aprendizaje o descanso.

«Quiero construir...»

Escribe una prioridad principal y dos resultados secundarios. Utiliza cifras y fechas cuando tengan sentido.

«Cuando aparezca miedo, recordaré...»

Deja una instrucción para tu yo futuro. Incluye una regla que no quieres romper bajo presión.

«Sabré que el año valió la pena si...»

Incluye una medida financiera y una señal de que tu vida, no solo tu saldo, se volvió más amplia.

Firma la carta y escribe la fecha en la que volverás a leerla.

Firma: ________________________________

Fecha: ______________________________

Fecha de apertura: ____________________

## 8. Glosario esencial

**Activo:** recurso con valor económico que puede conservar valor, generar ingresos o apreciarse. Su comportamiento depende del tipo de activo.

**Aportación automática:** transferencia programada hacia ahorro, inversión u otro objetivo.

Costo base: cantidad aproximada necesaria para sostener los gastos esenciales de un mes.

Costo de oportunidad: valor de la mejor alternativa a la que renuncias cuando eliges una opción.

Deuda: obligación de devolver dinero, normalmente con intereses, comisiones u otros costos.

**Diversificación:** distribución de recursos entre diferentes activos o fuentes para reducir dependencia de un único resultado.

**Fondo de emergencia:** dinero líquido reservado para gastos inesperados o pérdida temporal de ingresos.

**Inflación:** aumento general de precios que reduce el poder adquisitivo del dinero con el tiempo.

**Interés compuesto:** crecimiento que ocurre cuando los rendimientos se incorporan al capital y pueden generar nuevos rendimientos.

**Liquidez:** facilidad con la que un activo puede convertirse en dinero disponible sin una pérdida significativa.

**Margen:** diferencia positiva entre ingresos y todas las salidas planificadas.

**Patrimonio neto:** valor total de los activos menos el total de las deudas.

**Riesgo:** posibilidad de que el resultado real difiera del esperado, incluida la pérdida parcial o total.

**Volatilidad:** magnitud y frecuencia con la que cambia el precio de un activo.

# Fuentes y lecturas recomendadas

## Cómo se utilizaron las fuentes

Esta obra es de divulgación: traduce hallazgos de psicología económica, economía conductual y educación financiera a un lenguaje práctico. Las referencias respaldan conceptos generales, no diagnostican a una persona ni permiten predecir resultados individuales. Cuando la evidencia es debatida, dependiente del contexto o limitada, el texto evita presentarla como una ley universal.

Las obras se presentan con un criterio inspirado en APA, 7.ª edición. Los títulos publicados originalmente en inglés se conservan en su idioma para facilitar su localización. Los DOI identifican de manera estable artículos académicos. La normativa y los recursos oficiales deben verificarse siempre en el país de residencia.

## Investigación citada y de apoyo

Arkes, H. R., & Blumer, C. (1985). The psychology of sunk cost. Organizational Behavior and Human Decision Processes, 35(1), 124–140. https://doi.org/10.1016/0749-5978(85)90049-4

Fernandes, D., Lynch, J. G., Jr., & Netemeyer, R. G. (2014). Financial literacy, financial education, and downstream financial behaviors. Management Science, 60(8), 1861–1883. https://doi.org/10.1287/mnsc.2013.1849

Frederick, S., & Loewenstein, G. (1999). Hedonic adaptation. En D. Kahneman, E. Diener, & N. Schwarz (Eds.), Well-being: The foundations of hedonic psychology (pp. 302–329). Russell Sage Foundation.

Frederick, S., Loewenstein, G., & O'Donoghue, T. (2002). Time discounting and time preference: A critical review. Journal of Economic Literature, 40(2), 351–401. https://doi.org/10.1257/002205102320161311

Kahneman, D., & Tversky, A. (1979). Prospect theory: An analysis of decision under risk. Econometrica, 47(2), 263–291. https://doi.org/10.2307/1914185

Klontz, B. T., Britt, S. L., Mentzer, J., & Klontz, T. (2011). Money beliefs and financial behaviors: Development of the Klontz Money Script Inventory. Journal of Financial Therapy, 2(1), 1–22. https://doi.org/10.4148/jft.v2i1.451

Lusardi, A., & Mitchell, O. S. (2014). The economic importance of financial literacy: Theory and evidence. Journal of Economic Literature, 52(1), 5–44. https://doi.org/10.1257/jel.52.1.5

Markowitz, H. (1952). Portfolio selection. The Journal of Finance, 7(1), 77–91. https://doi.org/10.1111/j.1540-6261.1952.tb01525.x

Prelec, D., & Loewenstein, G. (1998). The red and the black: Mental accounting of savings and debt. Marketing Science, 17(1), 4–28. https://doi.org/10.1287/mksc.17.1.4

Prelec, D., & Simester, D. (2001). Always leave home without it: A further investigation of the credit-card effect on willingness to pay. Marketing Letters, 12(1), 5–12. https://doi.org/10.1023/A:1008196717017

Shah, A. K., Mullainathan, S., & Shafir, E. (2012). Some consequences of having too little. Science, 338(6107), 682–685. https://doi.org/10.1126/science.1222426

Thaler, R. H. (1985). Mental accounting and consumer choice. Marketing Science, 4(3), 199–214. https://doi.org/10.1287/mksc.4.3.199

Thaler, R. H., & Benartzi, S. (2004). Save More Tomorrow: Using behavioral economics to increase employee saving. Journal of Political Economy, 112(S1), S164–S187. https://doi.org/10.1086/380085

## Lecturas para profundizar

Bogle, J. C. (2017). The little book of common sense investing: The only way to guarantee your fair share of stock market returns (10th anniversary ed.). Wiley.

Housel, M. (2020). The psychology of money: Timeless lessons on wealth, greed, and happiness. Harriman House.

Robin, V., & Dominguez, J. (2018). Your money or your life: 9 steps to transforming your relationship with money and achieving financial independence (Revised ed.). Penguin Books.

## Recursos oficiales

Organisation for Economic Co-operation and Development. (2023). OECD/INFE 2023 international survey of adult financial literacy (OECD Business and Finance Policy Papers, No. 39). OECD Publishing. https://doi.org/10.1787/56003a32-en

Investor.gov, portal de educación de la U.S. Securities and Exchange Commission. Sus materiales sobre diversificación, comisiones, fraude e interés compuesto son de carácter educativo y responden al marco de Estados Unidos; compáralos con la información del regulador de tu país.

Organismo regulador financiero, autoridad tributaria, autoridad de protección al consumidor y portales públicos de educación financiera del país de residencia. Verifica allí la autorización de profesionales, entidades y productos, así como las obligaciones aplicables.

## Criterio de aplicación

No conviertas la lectura financiera en otra forma de posponer. Elige una fuente confiable, aprende un concepto y aplícalo a una decisión real. Cuando una decisión pueda afectar de manera relevante tu patrimonio, tus impuestos, tus derechos o la seguridad de otras personas, confirma la información con fuentes oficiales y asesoramiento profesional local.

## ANTES DE CERRAR ESTE LIBRO

# Tu reseña puede abrir una puerta

Si estas páginas te ayudaron a mirar el dinero con más claridad, te invito a compartir una reseña honesta.

Puedes publicarla en la librería o plataforma donde encontraste el libro, en una aplicación de lectura, en el catálogo de una biblioteca, en una comunidad de lectores o en cualquier espacio en el que otras personas busquen su próxima lectura.

No tiene que ser larga ni necesariamente positiva. Contar qué idea te acompañó, qué ejercicio pusiste en práctica o qué parte cambiarías puede ayudar a otra persona a decidir si este libro también es para ella. Tus palabras también permiten que futuras ediciones sean mejores.

Los libros viajan gracias a las recomendaciones de quienes los leen.

Gracias por dedicar tu tiempo a estas páginas y por permitir que formen parte de tu propia revolución.

**Lucía Solís Montalvo**

www.ingramcontent.com/pod-product-compliance
Lightning Source LLC
LaVergne TN
LVHW010729061126
851857LV00014B/1402

* 9 7 8 8 3 9 8 2 5 0 2 1 4 *